财务领导力

打造业财融合的高效财务团队

袁敏◎著

人民邮电出版社

北 京

图书在版编目（CIP）数据

财务领导力：打造业财融合的高效财务团队 / 袁敏
著. -- 北京：人民邮电出版社，2024.10
（管理会计能力提升与企业高质量发展系列）
ISBN 978-7-115-63570-9

Ⅰ．①财… Ⅱ．①袁… Ⅲ．①财务管理 Ⅳ.
①F275

中国国家版本馆CIP数据核字(2024)第033846号

内 容 提 要

本书旨在回答什么是财务领导力、为何要打造财务领导力以及如何打造财务领导力等基本问题。书中建议从人和事两个维度，以及领导成功、激励他人努力、迎接变革挑战三个培训模块来打造领导力，以期为财务人员了解和提升领导力提供助力。

本书具有一定的趣味性，可以作为财务专业人士学习领导力的入门图书，也可以作为业务人员、职业经理人、对财务知识感兴趣的其他人士了解财务工作的参考图书。

◆ 著　　　　袁　敏
责任编辑　刘　姿
责任印制　周昇亮

◆ 人民邮电出版社出版发行　　北京市丰台区成寿寺路 11 号
邮编　100164　电子邮件　315@ptpress.com.cn
网址　https://www.ptpress.com.cn
北京天宇星印刷厂印刷

◆ 开本：700×1000　1/16
印张：13　　　　　　　　　2024 年 10 月第 1 版
字数：187 千字　　　　　　 2024 年 10 月北京第 1 次印刷

定价：69.80 元

读者服务热线：(010)81055296　印装质量热线：(010)81055316
反盗版热线：(010)81055315
广告经营许可证：京东市监广登字 20170147 号

序

管理会计师对于企业的财务健康至关重要,他们不仅是价值的守护者,更是价值的创造者。随着企业可持续发展管理实践的深入推进,企业无论处于哪 行业、无论规模大小,都应把关注重点放在企业宗旨、环境保护和经营利润上,以期为各方利益相关者创造更大的价值。与此同时,在不断发展的数字化时代,企业要求管理会计师在战略规划、创新、可持续发展和风险管理等方面发挥的作用越来越大。因此,管理会计师亟须提升自身的能力素质,为未来发展做好准备。

《IMA管理会计能力素质框架》是IMA管理会计师协会基于市场和行业趋势变化,经过深入研究和全面分析管理会计行业所面临的挑战,围绕管理会计师所必备的能力素质提出的指导性实用体系,不仅有助于个人提升职业竞争力,还能帮助组织全面评估、培养和管理财会人员队伍。IMA管理会计师协会此次与人民邮电出版社合作,正是基于这一框架且结合中国本土实践,开发了管理会计能力提升与企业高质量发展系列图书,对数字化时代下管理会计师所需的知识与技能进行了详细讲解。管理会计能力提升与企业高质量发展系列图书截至目前共策划了两期,第一期出版后受到业界的广泛认可,第二期在总结第一期图书出版经验的基础上,在内容方面,更侧重于企事业单位实务案例分析和实务操作指引。各类企业,无论是国有企业、民营企业还是跨国企业,其管理者和财会人员都能从管理会计能力提升与企业高质量发展系列图书中直接获益。

　　管理会计能力提升与企业高质量发展系列图书的作者既包括在管理会计领域深耕多年的高校财会专业教授，又包括实战经验丰富的企业财务负责人与机构精英。同时，IMA 管理会计师协会还诚邀多位知名企业财务高管担任实务界编委，为图书策划和写作提供真知灼见。在此，我谨代表IMA 向本系列图书的作者、实务界编委、人民邮电出版社的编辑以及 IMA项目团队的成员表示感谢！我们希望通过本系列图书的出版及相关宣传活动，大力推动中国管理会计实践的发展，助力中国经济高质量发展！

IMA 前总裁兼首席执行官

迈克·德普里斯科

在学习和实践中提升管理会计能力

中国管理会计理论和实践自 2014 年以来进入快速发展时期，各种管理会计工具方法在微观层面（企事业单位）的应用，正在日益加速、拓宽和深入，在企业数字化转型升级、全社会高质量发展进程中发挥着重要作用。

当今社会信息技术迅猛发展，会计职业在互联网、大数据、人工智能等新技术业态的推动和加持下，在信息采集、核算循环、数据存储、整合表达等方面持续发生变革，这些变革也让管理会计在企业被广泛运用和助力企业价值创造上奠定了更坚实的基础，提供了更有效的管理和决策支持。

随着《财政部关于全面推进管理会计体系建设的指导意见》及《管理会计应用指引》等一系列规范指南的陆续出台，管理会计人才培养体系的建设和管理会计的应用推广受到了各界高度重视。从目前中国管理会计发展情况来看，管理会计师作为会计领域的中高端人才，在企事业单位仍存在巨大缺口，庞大的会计人员队伍面临关键职能转型压力——从核算型会计转向管理型会计。

IMA 管理会计师协会于 2016 年发布的《IMA 管理会计能力素质框架》，在管理会计领域广受认可与好评，被视为权威、科学、完整的技能评估、职业发展和人才管理标准，为中国及其他国家管理会计能力培养体系的构建提供了重要参考。这个框架文件在 2019 年做了更新。

为促进中国管理会计体系建设，加强管理会计国际交流与合作，实现取长补短、融会贯通，IMA管理会计师协会与人民邮电出版社共同策划、启动管理会计能力提升与企业高质量发展系列图书项目。该系列图书以《IMA管理会计能力素质框架》为基础，结合中国管理会计实际发展需求，以管理会计队伍能力提升为目标，以企业管理需求为导向，同时兼顾会计专业教育和研究。

该系列图书分为两期建设，内容涉及管理会计从业人员工作中需要的各项能力，力求理论与实务兼备，既有经典的理论知识阐述，也有实务工作中常见问题的解决方法，可帮助管理会计从业人员学习和提升自身各项能力，为积极转型的财务人员提供科学的学习路径。

在作者遴选方面，该系列图书充分体现了学术界和实务界合作的特点。该系列图书的作者均在管理会计领域深耕多年，既有理论知识深厚、指导经验丰富的高校资深导师，又有紧贴一线前沿、实战经验丰富的企事业单位负责人。他们合力打造出体系完整、贴近实务的管理会计能力提升新形态图书，以期推动企业管理会计人才建设，促进企业提质增效。

作为管理会计能力提升新形态专业读物，该系列图书具备以下三大特点。

第一，理论与实务兼备。该系列图书将经典的管理会计理论与企业财务管理、经营发展相结合，内容均从实践中来，又回归到实践中去，力求让读者对自身工作有所得、有所悟，从而提升工作水平。

第二，体系完备。该系列图书均提炼自《IMA管理会计能力素质框架》，每本图书的内容都对应着管理会计必备的专项能力，可以让读者体系化地学习管理会计各项知识、培养各项能力，科学地实现自我提升。

第三，形态新颖。该系列图书中大部分内容都配有微视频课程，这些课程均由作者精心制作，有助于读者获得立体化的阅读体验，更好地理解图书中的重难点内容。

天下之事，虑之贵详，行之贵力。管理会计具有极强的实践性，既要求广大财务人员学习掌握理论知识，又要求他们积极转变传统财务思维，将理论运用于实践，进一步推动财务与业务融合，更好地助力企业高质量、可持续发展。该系列图书不仅凝结了一系列优质、有影响力的内容，而且为会计行业的发展及人才培养提供了智力支持和战略助力。我们希望与广大读者共同努力，系统、全面地构建符合中国本土特色的管理会计知识体系，大力促进中国管理会计行业发展，为企业高质量发展和中国经济转型作出积极贡献。

北京大学光华管理学院教授 王立彦

IMA 副总裁、IMA 中国区首席代表 李刚

前言

▼

▼

市面上讲授领导力的书籍汗牛充栋，有结合中国四大名著展开阐述的，也有结合《道德经》《论语》等进行讲解的，还有为帮助企业解决实际痛点开发的，但专门谈论财务领导力的图书并不多见。

早在 2002 年，上海国家会计学院就设计了"CFO 能力框架"，并出版了专著、开发了相关课程。2014 年，我随着财政部人教司的海外学习团赴英国等地培训，其间学习了一些专业机构设计的会计师胜任能力框架，其中一个重要模块就是领导力，初步了解到领导力就是"管理资源以有效、有道德地引领组织前进"。此后，我开始在学院的不同班级讲授财务领导力课程，并开始收集、整理各种财务领导力的论述和研究成果，不断丰富课件的内容。

2021 年 5 月开始，受澎湃新闻的编辑蔡军剑先生邀请，我开设了《会计江湖》专栏，希望给一些非专业人士普及财务会计领域的基础知识。机缘巧合之下，IMA 的中国区首席代表李刚通过该专栏联系上我，希望我能够参与管理会计能力提升与企业高质量发展系列图书中《财务领导力》一书的写作，这才让我有机会将上课所用的教案整理成书。

事实上，我做过财务工作，也做过领导工作，但严格来说并没有做过财务领导工作。在日常的教学工作中，我接触到大量的财务专业人士，其中不乏经验丰富、非常成功的财务领导。总体来看，头务界对财务领导力的看法并不一致，尤其是很多财务领导的领导风格有很大差异。日常工作中，财务人员与其他业务人员合作过程中也有因立场不同而产生冲突的情况发生，这让我有机会不断对课程内容进行思考、修正和补充，尤其是结合《IMA管理会计能力素质框架》《哈佛商业评论》等，对财务领导力的定义、财务领导力的打造、培训模块的搭建、榜样的选择等有了更多的思考。

上课相对来说比较容易，可以想到哪里说到哪里，而且可以与学员面对面地讨论，但要把上课的教案转化为书面文字，难度不可谓不大。本书力图把课堂上的要点真实地呈现出来，但却很难呈现出一定的理论性和逻辑性，尤其是原来内容并不丰富的"打造财务领导力"一章，在编辑的要求下进行了大量的补充，这对并不擅长写书也没有丰富工作经验的我来说是一项很大的挑战。

我并没有做过严格意义上的财务领导，因此本书中的诸多观点，来自多年教学过程中的点滴积累。也就是说，我把自己看到的、听到的、想到的与财务领导力相关的故事和观点进行了梳理和总结，有些资料因为时间久远，已经无法找到出处，在此对相关资料的撰写者表示衷心感谢。我认为，领导力是一种影响力，更是一种责任，每个人都可以有领导力，并可以通过内部计分卡、STUDY模型等持续提升自己的领导力。对于想要成为、期望成为、正在担任财务领导的人士来说，本书包含的领导成功、激励他人努力、迎接变革挑战三个培训模块以及克服障碍、迎接挑战等观点，应该会有一定的参考价值。

在本书写作过程中，IMA的出版专员陈琴女士、IMA的冯一凡女士、人民邮电出版社的编辑刘姿女士给予了我极大的信任、帮助和指导，没有她们，本书不可能面世，在此对她们的辛勤付出表示诚挚的感谢。

受限于能力、视野、水平，书中谬误或不当之处在所难免，在此希望能够得到专业人士的批评指正。

目 录

2 第2章
解剖财务领导力

3 第3章
打造财务领导力

6 第6章
培训模块三：迎接变革挑战

7 第7章
提升财务领导力

8 第8章
案例与讨论

1

管理、财务与领导力

扫码即可观看
本章微视频课程

▶ 刘邦为什么能够得到天下

《史记·高祖本纪》记载，刘邦打败项羽之后，定都洛阳。

一天，刘邦在洛阳南宫召开庆功大会，酒酣耳热之际，他非常诚恳地问大家："你们不要隐瞒我，都说说自己的心里话。你们说说，我为什么能够得到天下，而项羽为什么会失去天下？"

有两个人的回答很到位，一个叫高起，另一个叫王陵。他们的观点是："陛下你这个人吧，对其他人是有些怠慢的，而且没事的时候还喜欢骂人，而项羽这个人非常仁义，对其他人也是很好的。但陛下派别人去攻城略地，成功之后就各种赏赐，与他人共同分享胜利果实。项羽这个人不一样，他妒贤嫉能，有功的害怕人家功高震主，有能力的又担心人家不够忠诚，打了胜仗不给人家记功，得了土地也不给人家分享利益，这就是他失去天下的原因吧。"

刘邦说："你们只知其一，不知其二。实际上我自己是没有什么本事的，全靠兄弟们给力，说到在帷帐中运筹谋划，决胜于千里之外，我不如张良；镇守国家，安抚百姓，供应军粮，保障粮道安全，我不如萧何；带领百万大军，做到攻必克，我不如韩信。这3个人，都是人中翘楚，我能够恰当地任用他们，这就是我能够取得天下的原因。项羽只有一个范增，他却不能够很好地任用，这也是他被我擒杀的原因所在。"

显然，刘邦是非常有自知之明的，知道自己的能力不行，但他清楚地知道谁行，能够做到把合适的人放在合适的位置上，各自发挥其长处，所以打败项羽得了天下。因此，成功的领导，并不见得自己很行，但其擅于用人做事，而不是什么事都揽在自己身上。亲力亲为固然好，但非长久之计；能够让那些能力很强，尤其是比自己强的专业人士心甘情愿地做事那才是领导能力。

管理的对象是"人事"

如何理解管理

不同的学者、教材对管理的定义可谓五花八门，比如通常的理解是：组织为了实现既定的目标，对人、财、物等资源的管辖和治理，其中会涉及协调和监督他人的工作活动，以期让他人的工作可以有效率且有成效地完成。法国著名管理学家亨利·法约尔（Henri Fayol）将管理分解成计划、组织、指挥、协调和控制这 5 种职能；哈佛的管理学教材讨论了战略、组织、领导、控制等关键领域；我国企业家宋志平先生则将战略和管理放在一起讨论，并将战略形象地比喻为人的头脑，管理则是人的腿脚，腿脚要听头脑的指挥，管理要在战略的指导下灵活行动并执行到位。

不管如何定义，管理的核心都会涉及两个维度：一是"人"（管理者、被管理者或他人），二是"事"（即被管理者的工作）。管理还涉及目标，即通过管理让人们有效率且有成效地完成工作。因此，可以把管理的对象简单地理解为"人事"。

现实中，管什么、理什么往往会引起争议。课堂上聊起来，很多人会说管人、理事，但我却并不认同这个观点。因为人是非常复杂的，我们经常说天大、地大、人大，人是管不住的，你管住了他人的身，管不了他人的心；而且在中西方文化中对人性的假设也不一样，因此管理的要求、方法、工具有很大的差别。因此，刘邦能够凭汉初三杰的帮助而得到天下，应该不是"管"出来的，至少不是通过对"人"的监管才得到他人忠心拥护的。

将管理比喻成登山

我比较认同的一种理念是，将管理比喻成登山。万科的创始人王石，曾经登过包括珠穆朗玛峰在内的世界高峰，不仅自己登，而且他的接班人郁亮先生也登。登山不容易，甚至会有生命的危险，但王石却在教练的鼓励下产生了登雪山的想法，并利用业余时间开始为登山做准备，包括接受各种专业训练，从体能的锻炼、安全装备的使用到攀岩攀冰技术及垂降技术的掌握等。光做这些还不够，还要考虑到可能的高原反应，缺氧环境的适应，因高原低温带来的高原肺水肿、冻伤等疾患的影响，等等。显然，要顺利登顶，需要牵引力，比如登顶这一目标带来的成就感；还需要阻断力，比如当出现因体力、自然环境等因素变化无法继续登顶时，能够有技术和方法在立足处休息蓄力，避免滑落或意外。理解了登山的艰辛，对管理也就有了基本的理解。比如管理和登山一样，需要具备目标明确、路径优选、个人准备充分、自然环境良好（不会出现雪崩等自然灾害等）一系列主客观条件，还要在装备、时间安排、向导帮助等方面有足够资源支持。

管什么，如何管

如果从人、事两个角度来理解，管的应该是"事"，管的就是这件事由谁做、做得怎么样、有没有实现既定的绩效目标。

如何理解"管"字

中国文化博大精深，从字形上可以对"管"进行解读。比如管字的下面是"官"，看起来是"帽子底下有两个口"，其中两个口可以理解为上传下达，内容包括做什么业务，涉及哪些环节，需要完成哪些活动，期望实现什么目标，等等。从某种意义上来说，管理者基本的一项技能就是"沟通"，把自己的意图向被管理者传达，让对方能够准确把握并严格执行，以保证目标的顺利实现。有时候会说管理从自己开始，率先垂范、以身作则，其实就是要学会与自己对话，树立正确的价值观，一步一个脚印达成自己的理想。

至于"帽子"也有很多解读，比如这项帽子代表着"权力"，戴上帽子就可以名正言顺地在职责范围或权力清单中行使管理者的管辖、协调、监督、治理等权力。但我更愿意把"帽子"视为一种责任，管理者需做到"权责匹配"。当你戴上了这项"帽子"，你就需要把自己的利益放一边，把你所管理的对象放在中间，思考怎么定义"目标"，怎么通过服务、赋能、有逻辑地帮助被管理者"有效率"地完成目标。因此，这项"帽子"并不好戴。

"管"字的上面是竹字头，我认为其意是"胸有成竹"，代表管理者在做事之前已经想得非常清楚，最后能够高效地完成目标。事实上，在中国文化中，竹子一直是读书人关注的对象，儒家讲"格物致知"，格的是什么？很多人格的就是竹子，比如王阳明。竹子有很多非常好的寓意，北宋徐庭筠的《咏竹》广为人知，所谓"未出土时先有节，纵凌云处也虚心"，其实就是对读书人的一种勉励，让其要有气节，要保持虚心谦卑的态度。

管事讲工具

既然是"管事"，首先就需要了解有哪些事。一般的管理学教材中管事可能会涉及计划、战略、组织、人力资源等，而具体到一家公司，可能会涵盖设计、工程、采购、销售、研发、交付等业务活动，管理者需要针对具体的价值环节，采用相应的管理工具。我国财政部自 2016 年以来出台了系列的管理会计基本指引及配套指引，涉及战略、预算、成本、营运、投融资、绩效、风险管理、报告等领域，其中战略管理有战略地图、营运管理有本量利分析、绩效管理有绩效棱柱模型等工具可供挑选使用。宋志平先生提出的"三精管理"、宁高宁先生提出的"6S 体系"都是很好的管理工具，可供学习借鉴。

当然，管理活动是在一个组织范围内开展的，这个组织可以是一家以营利为目的的公司，也可以是一家以提供公共服务为目标的非营利组织。

一国、一司、一家都会有目标，也都会为实现目标开展一系列的管理活动。在中国古代，管理更多是以"为政"的形式体现的，比如《论语》第二篇就以"为政"为题，讨论了儒家治国理政的理念。

"中兴第一名臣"曾国藩对"为政"也有过精彩的论述，他认为为政之道就是"得人治事"，就"治事"而言，其可概括为经分、纶合、详思、约守四个方面；而办事之法则"以'五到'为要"，所谓的"五到"，就是身到、心到、眼到、手到、口到。这些论述给后世管理者很好的启示。你可以把"约守"理解为预算，管理者既要营造应用环境，还需要编制、审批、调整、决算等一系列流程，当每个岗位上的工作人员都做到了"五到"，预算目标也就达成了。

理什么，怎么理

站在"人事"的角度，如果说"管"的是事，那么"理"的就是人。

"理"字的含义

按《说文解字》的说法，"理"，治玉也，字面意思是加工玉石。天下至坚者，玉也。怎么治玉，按"理"来雕琢，所谓玉不琢，不成器。

孔子曾经和自己的学生子贡开玩笑说："汝，器也（你呀，就是个器具）。"

子贡看起来还很开心，问："我是一个什么器具呀？"

孔子说："瑚琏也（宗庙用的祭器）"。孔子还说"君子不器"，按照孔子的一贯主张，要"为己之学"，大致意思是自己要追求不断进步和完善。

因此，从逻辑上说，"理"的人首先是自己（管理者），其次是他人（被管理者）。

有一部名为《理想之城》的电视剧热播。故事说起来也不复杂，讲述了一位名为苏筱的职场新人逐步进阶，最终成为集团副总经济师的故事。

自己不服输、不愿意放弃，可能是苏筱成功的重要原因之一。从这点上看，管理是从自己开始的，你可能管不了别人怎么做，但至少可以让自己保持一颗积极向上的、健康的心。做好自己只是"理"的第一步。曾国藩就曾经写信给自己的弟弟曾国荃，提出"办大事者，以多选替手为第一义，满意之选不可得，姑节取其次，以待徐徐教育可也。"这段话从管理的角度来看，有着非常丰富的内涵，你能力强还不够，能不能选到、培养出合适的接班人也是评判你是否成功的重要因素。曾国藩有一个纠缠一生的朋友、政敌、知己，即左宗棠。按曾国藩的说法，左宗棠功名止于举人，但这个人非常有才华，且气概和胆略胜于常人，曾国藩希望能通过与他共事来弥补自己的不足。

在政事上，曾国藩多次被左宗棠骂，比如：靖港败溃后，曾国藩投水被他骂；江西败后曾国藩选择回家守孝，也被左宗棠视为逃兵而骂；天京攻破，左宗棠说曾国藩放走了幼天王，两人甚至因此生怨，不通音信（参看张宏杰的《曾国藩传》）。即便如此，曾国藩对左宗棠的事业一如既往地支持，甚至死前还在自己的学生李鸿章面前极力推举左宗棠。曾国藩死后，左宗棠则写下了"谋国之忠，知人之明，自愧不如元辅；同心若金，攻错若石，相期无负平生"的挽联。

当然，中国先哲讲"百家争鸣""百花齐放"，管理者可以持不同的理念，形成独特的管理风格。

理人讲策略

关于"理"，有很多工具，归纳起来可能就两个方面：一是看得见的，比如法律、制度、流程；二是看不见的，比如文化、理念、价值观。按曾国藩的说法，"理人"叫"得人"，怎么得呢？广收、慎用、勤教、严绳，字面意思就是：你要广纳天下英才；你要把合适的人放在合适的位置上，善加使用；对于不够条件的追随者，你要经常培训，尽量能耳提面命，通过做事来磨炼造就；对有能力的部属，你需要加以严格的纪律约束。

回到开篇刘邦的故事，汉初三杰萧何、张良、韩信为什么为刘邦所用，应该不是"管"的原因，更多是"理"的效应。比如韩信，要是没有他，很难想象刘邦能够在军事上战胜项羽，史学家甚至认为，楚汉之争中的主要战争，都是韩信打胜的。比如韩信把项羽的手下猛将龙且打败了，占有了齐国，这时候，韩信派人告诉刘邦说："齐国人狡诈多变、反复无常，南面就是楚国，如果不以齐王的身份来管理，很难平定齐国的态势，希望你能够给个面子，封我做临时代理的齐王，以便于管理。"那个时候，项羽和刘邦正在荥阳打得热火朝天，得到韩信的书信之后，刘邦大怒，说道："你这个家伙，我现在困在这里，希望你赶紧过来帮忙，你却趁火打劫，想自立为王！"这时候，张良和陈平在后面踢了踢刘邦的脚跟，悄悄说："现在我们处于不利地位，你能够禁止韩信自立为王吗？不如趁机给个面子，立他为王，好好对待他，让他管理好自己的一亩三分地。不然的话，韩信一怒之下再帮项羽的忙，你可就完蛋了。"刘邦立即醒悟了，接着骂了一句："大丈夫想干就干真的，搞什么假的！"于是派遣张良前往韩信之处下诏书，算是正式给了名分，还把韩信的兵马拿过来一块打楚国。

按照史记的说法，龙且败仗之后，项羽非常担心，派人来"策反"韩信，但韩信不为所动，说道："汉王授我上将军印，予我数万众，解衣衣我，推食食我，言听计用，故吾得以至于此。夫人深亲信我，我倍之不祥，虽死不易。"显然，刘邦得到了韩信的心，韩信对刘邦充满了感激之情，所以绝对不背叛他。假设一下，刘邦当初拒绝立韩信为齐王会怎么样？刘邦没有及时听取张良等人的意见，不给诏书，能不能拿到韩信的精兵来打项羽？因此，"理"人的要点在得人，得人的要点在得到他人的心。

管理讲逻辑，核心是人事

绩效考核是现代管理一个重要的组成部分，既包括对业务的考核，也包括对人的考核。考核的目的是对决策的复盘，也是确定奖惩。刘邦的"解衣""推食""授将""言听计用"，尤其是关键时刻听张良之计给韩信齐王的名分，值得现代管理者思考和借鉴。

管理讲逻辑、讲工具，比如计划、实施、报告、考核要形成闭环，比如概算、预算、核算、决算要形成闭环，但要点是得人治事，用人做事。

安然和它的 CFO

安然是在美国俄勒冈州注册的一家公司，其总部位于得克萨斯州的休斯敦市，主营业务涵盖天然气及电力的采购与销售，建造并拥有管道、电厂和能源相关的业务，同时还提供电信服务，以及不同商品的买卖合同交易。安然在美国纽约证券交易所上市，其投资者来自世界各地。作为上市公司，安然及其董事、高管需要遵循美国的证券法及监管要求，而监管的要点之一，就是要求公司的财务信息完全、准确、公允反映。在 2001 年12 月 2 日申请破产保护之前，安然是美国第七大公司，其中 2001 年三季报的数字显示，公司 2001 年一季度至三季度的收入高达 1385 亿美元。

美国司法部（DOJ）、证监会（SEC）公开的信息显示，为了维系公司的股价及投资级别的信用等级，安然采用了一系列的会计舞弊手段来粉饰公司财务报表。2001 年 11 月 8 日，公司宣布对其 1997—2000 年以及2001 年的第一季度、第二季度的财务报表进行重述，净利润将减少约 5.86亿美元；同年 12 月 2 日，安然申请破产保护，此时公司的股价跌至 0.61美元，市值从顶峰时段的 800 亿美元降至不足 1 亿美元。

安德鲁·法斯托（Andrew S. Fastow）在 1998 年 3 月至 2001 年 10月间担任公司的 CFO（首席财务官）。作为 CFO，法斯托对安然的财务活动履行监控职责，并向公司的 CEO（首席执行官）直接报告，2000年他被《财富》杂志评为"年度首席财务官"。因为安然丑闻，法斯托于 2002 年 10 月 31 日被指控犯欺诈、洗钱等 78 项罪名，此后他同意成为污点证人，以期获得减刑；2006 年 9 月 26 日，他与检方达成认罪协议，最终被判处 6 年监禁。除了他之外，安然的创始人肯尼斯·莱（Kennoth Lay）在获刑前一个月因心脏病去世；时任 CEO 杰夫里·斯基林（Jeffrey Skilling）被判处 24 年有期徒刑（根据美国司法部公布的安然公司卷整理）。

财务是一种思维方式

如何理解财务

安然曾是美国最大的能源公司之一，但因为财务造假，一夜之间崩塌，高管层在丧失声誉的同时，也丧失了自由，值得市场警醒。安然财务造假案件凸显了财务信息真实的重要性。

在实务中，对"财务"一词的理解似乎并不统一，通常将其与"会计""管理"等词联系在一起。比如财务会计按照既定的规则对组织发生的经济事项进行确认、计量、报告、披露，为利益相关者提供规定格式和高质量的财务信息以辅助决策；财务管理在建立信任的基础上，通过筹集、使用和分配资金，完成资金流、物流、信息流之间的循环，进而实现组织的目标。就会计而言，其可以简单分为财务会计、管理会计、税务会计等不同的角色。站在一般读者的角度，财务会计可以视为"账房先生"，其核心产成品是"财务报告"；至于财务管理则是"理财师"，其涉及资金的筹集、应用及分配等工作。

财务的英文为"Finance"，是与金融、资金融通联系在一起的。一家公司主要的经济活动可以分为筹资、投资和运营3类，这些活动往往与资金的流转密不可分。要取得投资、运营所需的资金，公司有必要取得债权人及股东的信任，在此基础上实现低成本、高效率地筹集资金，资金经过管理层的高效配置和严格管理，取得预期的回报，完成资金的循环和增值。

努力做到数字真实

财务造假是市场关注的焦点，原因在于投资者、债权人往往依据财务报告作出资源配置的决策。一旦公司提供了虚假的财务信息，就会误导报告阅读者作出错误的决策，从而导致资源的错误配置。从这点上看，财务可以看作一种思维方式，即钱从哪里来、用到哪里去、用得怎么样的过程观。在此过程中，涉及"人"（公司法人及其代表）通过提供"信息"（以财务报告为载体），来引导资源（信贷资金及股东投资）的配置。这些"人"受资源提供方的委托来管理资产、提供合理回报，要承担这份受托责任，"人"需要有足够的专业性，能够按照既定的法律法规和准则制度来提供真实、可靠的信息，同时还需要有洞察力，知道信息的使用者如债权人、股东等需要什么样的信息，以及如何利用信息来进行资源配置决策。资本市场上层出不穷的财务丑闻，不断提醒市场参与者，财务信息的真实、可靠是资金有效配置的基础。就算你不是财务人员，你也应该树立财务意识及财务思维方式，从而避免掉入虚假数字的陷阱。

从数字真实到价值创造

财务意识的培养及财务战略的制定与实施，可以体现在数字思维、洞察业务、聚焦重点等方面。比如：财务是和数字打交道的，公司的战略如何体现在关键业绩指标上，战略如何执行并落实到具体的经营业务，业务部门冲锋陷阵，有没有产生良好的经营成果，是否为公司创造了价值，超额价值如何达成及分配；公司如何量化资金成本及投资回报率，通过何种路径来降低成本、提高效率，如何制定目标并将其分配给各个部门和人员，这些目标如何量化、排序，目标的达成情况是否可以作为绩效考核的依据；公司最重要的指标是什么，如何把一些管理会计的工具如战略地图、本量利分析等应用到具体的业务中，业务人员如何围绕重要的指标配置资源；等等。财务本质上是为组织实现目标提供帮助的（比如战略地图就是一张将战略落地的路径图）。

合规是基础

监管者会对信息的格式、内容、质量等方面提出严格的要求，并通过《中华人民共和国证券法》《中华人民共和国公司法》等法律规范市场主体的行为。作为一种通用的商业语言，会计，尤其是财务会计在信息不对称的市场中扮演着重要的角色。公司提供规定格式的财务信息，换取债权人及投资者的信任，并帮助其据此作出相应的经济决策。当公司正常经营无法实现债权人及投资者对资金安全性、流动性、收益性等方面的期望时，公司就有动机通过粉饰、操控甚至舞弊来骗取资金提供方的投资。

恪守受托责任

早在 1987 年 10 月，美国反欺诈财务报告委员会（National Commission on Fraudulent Financial Reporting）就公告了一份报告，阐述了该委员会在 1985 年 10 月至 1987 年 9 月间针对美国上市公司发生的财务报告问题所开展的研究及其发现、结论与建议。该研究旨在找出导致财务报告舞弊的原因，并试图提出有针对性的举措以减少舞弊发生的可能性。

报告的一个重要的研究结论是公司要承担受托责任（Accountability）。对一家公众公司而言，一旦其决定通过公开市场筹集资金，那么公司就对公众信托产生了一项义务，进而形成对应水平的受托责任。因为公司所筹集的资金来自社会公众，自然而然就必须接受并履行特定的必要义务来保护社会公众利益。在这些义务中，一项基本义务就是完全、公允地公开披露公司的信息，包括财务状况、经营成果及现金流量等方面的信息。

该委员会的研究结果，还推动了另外一项工作的开展。很多上市公司之所以进行财务造假，是因为内部控制存在设计或执行上的缺陷，因此在发起组织委员会（The Committee of Sponsoring Organizations of the Treadway Commission，COSO）的努力下又推出了《内部控制 – 整合框架》（Internal Control – Integration Framework），将财务报告和内部控制结合起来，并将"遵守相应的法律法规"作为内部控制的基本目标予以强调。

理解合规内涵

对财务而言，合规的内容非常丰富，比如遵守国家层面的法律法规——《中华人民共和国证券法》《中华人民共和国公司法》《中华人民共和国会计法》《中华人民共和国注册会计师法》等，还有国家部委、行业主管部门等颁布的规章制度，如《企业内部控制基本规范》等。作为提供信息的重要载体，公司应当编制符合条件、遵守准则的财务会计报告（又称"财务报告"），为包括内外部使用者在内的利益相关者提供有关的信息。按照我国财政部 2006 年发布、2014 年修订的《企业会计准则》，财务会计报告的目标是通过提供信息，反映管理层的受托责任，帮助报告使用者作出经济决策。

实务中，有部分上市公司因为提供的信息存在虚假陈述，被监管部门处罚，甚至引起投资者的集体诉讼。21 世纪以来，安然、世通、雷曼兄弟、康美药业、瑞幸咖啡等虚假陈述案的发生，引起媒体的广泛关注。以安然为例，根据 SEC 及 DOJ 发布的公开资料，相关人员操控财务报告，让公开披露的财务业绩看起来每年都能够维持稳定的 15% ~ 20% 的增长率，以达到或超过分析师的盈利预测。当公司无法通过正常的经营业务来实现公司、分析师所发布的盈利预测目标，公司的 CEO、CFO、总会计师及其他相关人员，对盈余数字、资产负债表项目等进行大范围的造假，从而违反会计准则中有关真实性、如实反映等信息质量要求。当然，案发后，涉案的高管们锒铛入狱，提供审计服务的会计师事务所也名誉扫地。

对上市公司的大股东、董事、监事和高级管理人员等关键少数而言，其需要树立合规意识，并以资本市场上已经发生的财务丑闻为戒，通过定期财务报告如实反映公司的财务状况、经营成果和现金流量，以取得利益相关者的信任，同时要严格遵守相应的法律法规，将遵守会计准则、合规运营作为底线，努力做到诚实守信、勤勉尽责，以履行相应的受托责任。

绩效是方向

绩效的度量

实务中对绩效的理解似乎也并不一致，用浅白的语言来说，所谓的绩效可以视为用最少的钱办最多的事、办最值得办的事、办最好的事。如何度量绩效呢？需要建立相应的指标来度量投入产出、经济效率，甚至社会效益和生态效益。只有对绩效进行了明确的定义和度量，才能够很好地改善、提升它。

对一家公司而言，其绩效可以通过市场来评价，比如公司的股价节节攀升，受到投资者的青睐；也可以通过会计来度量，比如利润总额、净资产收益率、投资回报率、经营活动现金流、毛利率等。财务把绩效作为努力方向，一方面可以通过参与绩效指标的设定，帮助组织明确努力的方向，通过分析洞察、赋能业务，帮助业务部门提升绩效；另一方面则可以通过对资金、资源合理配置以创造价值，取得投资者和债权人的信任，从而以低成本筹集资金，或者参与并购谈判，通过交易条款的设计来维护和提升公司的价值等。

对财务人员而言，选择或设计恰当的绩效指标是一项重要的工作。我国财政部发布的《管理会计应用指引第 600 号——绩效管理》中，提出企业可以单独或综合运用诸如关键绩效指标法、经济增加值法、平衡计分卡、360 度绩效评价等工具方法构建指标体系。对于管理制度比较完善、业务流程比较规范、管理水平相对较高的大中型企业而言，还可以运用绩效棱柱模型来进行绩效管理，通过棱柱的利益相关者满意度评价指标、企业战略评价指标、业务流程评价指标、组织能力评价指标、利益相关者贡献评价指标等五个方面来绘制利益相关者地图，进而及时查找、发现现有的战略、业务流程及组织能力等方面存在的不足，促进企业不断提升绩效水平。

斯隆重建通用汽车

美国三大汽车厂商之一通用汽车历史上的传奇 CEO 艾尔弗雷德·斯隆（Alfred P. Sloan），在其个人传记《我在通用汽车的岁月》中，对其财务理念进行了较好的诠释。他在书中坦言，他在 1918 年 12 月 31 日被任命为某委员会的主席，而该委员会的核心任务是"形成适合事业部业务往来的规则及规定"，在此任务指引下，斯隆在 1919 年的 12 月 6 日向执行委员会提交了一份书面的财务控制的一般原则，比如，任何业务所产生的利润，并不能成为衡量该业务价值的真正标准，这对传统的绩效评价指标提出了挑战。按照斯隆的观点，A 业务部门赚了 10 万美元，B 业务部门赚了 1000 万美元，从绝对值上看，B 部门的绩效更好，但这种评价忽略了两个部门的所处阶段及发展前景。比如 A 部门处于扩张阶段，未来有很好的发展前景，而 B 部门无法证明自己的发展前景很好，甚至面临需要投入很多资金进行升级改造，或耗费大量资金来维持现有业务，否则可能陷入被清算的境地。一旦考虑了 A、B 两个部门的发展前景，管理人员作出的评价结论以及未来的决策可能就完全不一样了。

斯隆得出结论，在进行绩效评价时，不仅要考虑利润总额的绝对值，还要考虑创造利润所占用的资源数量，和该业务所占用的投资资金之间的关系。于是，衡量业务投资回报率的理念开始形成，并用于指导公司所面临的现实问题，比如开展任何业务的战略目标，都应该是为资本获取合理的回报。如果某项计划的长期回报并不理想，就需要对其中的缺陷进行必要的弥补，或放弃该计划并重新挑选相对更好的方案。对外而言，公司需要解决的是销售问题，比如产品的销售价格是由市场而非公司决定的，如果在这一前提下，相关业务仍能够产生预期的回报（比如有超过资金成本的超额回报），那么该项业务就符合扩张的要求，公司可以考虑重点发展；对内而言，公司则需要解决集团内部各事业部之间的交易问题，比如采用成本加成法解决事业部之间的转移定价问题。当然，为了避免某个供应部门的成本过高而被错误地保护，那么需要采取运营分析等手段，通过比较可能情况下该供应部门与外部供应商之间的价格，来确定恰当的加成比例。

需要强调的是，斯隆在其报告中强调了投资回报率这一相对指标的重要性。他认为不是技术，而是用于衡量某项业务价值的一般原则，才是思考管理问题时的基本出发点。

1920 年，在斯隆的主导下，通用汽车的财务政策得以重建，并在 1921 年年初从杜邦公司引进了后来成为通用汽车 CFO 的唐纳森·布朗（Donaldson Brown）来推动财务方法的应用。布朗设计了一种能反映业务活动真实情况的方法，强调资金周转率和利润率在计算投资回报率中的重要性。通过对投资回报率及其构成指标（如利润率和资金周转率）的合成与分解，公司就能够洞察业务运营过程中利润和亏损的结构，其本质是将指标、指标背后的业务、业务的驱动因子逐步可视化。唐纳森设计的这一管理工具成为通用汽车开展经营决策的重要指南。

财务赋能管理

课堂上，我最喜欢打的比方之一，是将管理看作开车，要有目的地，要了解车况、路况，开车的人要有驾照，不能酒驾，也不能闯红灯。把开车看作管理，那么财务可以被看作是后视镜，仪表盘则可以被看作是导航仪。后视镜能够帮助车主判断车距，为变道提供依据，可以看作是提供信息的载体财务报告；而仪表盘则实时反映车子的运行状态，包括车子的速度、油量、水温等都可以显示在仪表盘上。这些信息的反映，在财务上可以看作绩效的实时反映，一旦某个地方亮起了黄灯或红灯，财务能够及时预警，并洞察原因、消除异常。能够实时反映还不够，还要能够对到达目的地的路径作出规划和选择，比如红绿灯最少、通行时间最短、距离最近等，从而提升通行的效率，因此财务可以被视为引领业务高质量发展的导航仪。站在公司的角度，财务人员需要将公司利益放在首位，思考如何选择公司的前进之路，在资本分配、投资组合管理、业务赋能等方面发挥作用以推动公司的战略变革。

领导力是软实力

　　杰克·韦尔奇（Jack Welch）毕业于美国马萨诸塞大学阿默斯特分校化学工程专业，并在伊利诺伊大学获得化学工程硕士及博士学位，此后加入通用电气公司的塑胶部门。经过 20 年的努力，韦尔奇被董事会及前任 CEO 选中，在 1981—2001 年间担任通用电气公司的第八任 CEO。据媒体报道，在他掌权的 20 年间，公司完成了大约 1000 笔的收购案，平均算下来每个月就有 4 宗交易达成。在鼎盛的 2000 年，通用电气的市值接近 0000 亿美元，成为当时市值最高的美国公司之一，业务更是遍布全球，华尔街、公司的员工都对韦尔奇及其执掌下的通用电气赞誉有加。数据显示，1981—2000 年，公司的营业收入增加 5 倍多，达到 1299 亿美元，利润则增长 8 倍多至 127 亿美元，股价更是增长达到 40 倍。因此，媒体将"20 世纪最有影响力的 CEO"称号颁给了韦尔奇。

　　在《赢》这本书中，韦尔奇用一章的内容对"领导力"这个主题进行了阐述，按照他的观点："在你成为领导者以前，成功只与自己的成长有关。当你成为领导者以后，成功都同别人的成长有关。"与此同时，他还列出了 8 条有关领导力的准则，包括：坚持不懈地提升自己的团队；让员工不但怀有梦想，还要拥抱和实践梦想；以坦诚精神、透明度和声望，建立别人对自己的信赖感；等等。

领导力的内涵

领导力是一种影响力

搜索一下，你会发现领导力的定义可谓多如牛毛。哈罗德·孔茨（Harold Koontz）认为，领导力是一种特殊的人际影响力，是让人们心甘情愿和满怀热情为实现组织目标而努力的艺术或者过程。埃德加·沙因（Edgar H.Schein）认为，领导力是想要成就某种新的、更好的事情的意愿和让他人一起来实现这个愿景的行动。其关注点更多地放在领导者与潜在追随者之间的关系上。

站在理论的角度看，所谓的领导力是一种软实力，是登高一呼，应者云集。你的领导之所以选择你，是因为你有远见、有胸怀，能达成积极的结果。选择你是因为相信或信赖你，比如相信你拥有他们所没有的东西，能解决他们无法解决的问题。韦尔奇认为，之所以被选为领导，是因为有人相信你能够处理好现有的业务，能够带着公司奔赴前景光明的将来，尤其是在面对短期利益与长期利益的矛盾时，你有足够的智慧、经验和毅力来解决矛盾。领导力与领导并不产生必然联系，写下《失控》一书的凯文·凯利（Kevin Kelly）认为，领导者并不一定拥有更强大的权力或精力，而是拥有更广阔视野或崇高愿景，能向支持者指明方向，阐述方向正确的原因，并为其预测出朝着正确方向努力奋斗可能得到的积极结果。就这点上看，领导力和权力的关系并不大，领导力更像是一种影响力。

领导力的定义

就定义而言，我个人比较认同诺曼·施瓦茨科普夫（Norman Schwarzkopf）的观点，他说："领导力就是品格和能力的结合。如果我只能选择一个，我选择品格。"

这个定义浅显易懂，从品格和能力两个维度对个人的领导力进行了刻画。所谓的品格，可以用一个问题来明确，即"你是谁"。这个问题的答案反映了你做事做人的原则及价值观，比如尊重他人、诚实、讲求团队合作精神、为人正直。而能力则可以用另外一个问题来探究，即"你做了什么或知道什么"。这个问题的答案反映了你的技能、学识、行为等。

从逻辑上说，一个人的品格很难一下子看出来，所谓"周公恐惧流言日，王莽谦恭未篡时"，因此在评价一个人的时候，短期内往往是以能力为标准的。比如韦尔奇之所以得到推崇，是因为无论从财务指标上看，还是从公司的市场表现来评价，通用电气在他的执掌之下都可谓如日中天，所以业绩好往往是被视为具有领导力的前提。参与领导力学习的人士，以及很多讲授领导力的书籍、课程，也都把提升业绩表现作为重要内容。在各国的商业史上，也往往把领导力与公司成功紧密联系在一起。

从长期看来，我们可能很难确切知道一家公司的收入、利润等财务指标，也很难记住一个人拥有房产、汽车和货币资金等财富的具体数量。我们之所以能记住这家公司、这个人，往往是因为该公司提供了某种商品、解决了社会大众迫切需要解决的问题，或者在做事的过程中，这个人展现出了超过常人的毅力、努力，取得了伟大的成就。例如，微软公司的创始人比尔·盖茨（Bill Gates）就将石油大王约翰·戴维森·洛克菲勒（John Davison Rockefeller）看作心目中唯一的英雄，这也许与洛克菲勒的赚钱能力有关，但更重要的是，盖茨认为洛克菲勒有担当、有勇气、有责任感。

在洛克菲勒生活的年代，普通人家的照明以鲸油作为燃料，这种燃料亮度不足且在燃烧过程中会产生浓烟，因此作为照明用的燃料并不理想。在石油出现之后，煤油的优势开始逐渐显现，并呈现逐步取代鲸油的趋势，在此背景下，洛克菲勒与朋友一起投身于石油事业，因为他们意识到石油所炼制出来的煤油燃烧起来亮度更高，且不会产生难以忍受的浓烟，这是未来的发展方向。

尽管有鲸油不可比拟的优势，但煤油也有缺点，比如煤油灯可能会引起火灾，给普通用户带来很多危险。于是标准石油应运而生，其宣传要点在于，公司所生产的产品质量过硬，标准石油将成为业内唯一一家能保证没有质量问题的公司，从而很好地安抚了民众的恐惧心理。在洛克菲勒的带领下，公司通过提供质量稳定的产品，加工精炼、仓库储存、制桶装运、航运设施等的全流程管控，让产品走进了千家万户，一度垄断了 98% 的煤油市场，并完全垄断世界的煤油生产。

洛克菲勒从一位名不见经传的记账员，通过成本领先战略和公平市场竞争，成长为举世闻名的"石油大王"，也许还不足以使他成为盖茨心中的唯一英雄。按洛克菲勒自己的说法，促进整个行业的健康发展，用担当、勇气和责任感完成整个石油行业的整合才是自己面临的挑战。当他用打猎思维和责任感征服了石油行业，给自己带来巨大的利益和声誉之后，如何使用金钱又成为其新的挑战。于是洛克菲勒开始了与赚钱完全不同的另一项事业——慈善。此举影响了很多人的价值观，这也许才是洛克菲勒成为盖茨心目中的英雄的必要条件。

领导力的要点

阿里巴巴集团的创始人坦言他是从一个老师的角度来学习领导力的，他提及了领导力的 3 个要点。

看好他人

比如老师总是希望他的学生比自己更优秀，期望学生学有所成、造福社会，成为银行家、科学家、运动员等，不希望学生破产、进监狱。因此领导者要付出真心，对追随者抱有期待。如果你付出真心，他人是能够感受到的。

打造团队

领导者不可能单打独斗，需要建设一个好的团队，如果没有好的团队，就谈不上好的领导者。当然，领导者不是靠钱或者利益来打造团队，而是靠愿景、靠信念来凝聚共识，行稳致远。

危难时刻显身手

优秀的领导者只有在关键时刻才能得以证明，安稳时期的领导者很好当。比如公司日子好过，银行主动放贷，可能也就无法体现出领导者的能力；而当公司处于逆境，投资者和银行避而远之的时候，领导者能够筹集到公司发展所需的资金，这时候其能力就突显出来了。

领导力的特征

我个人比较认同的领导力内涵，来自多年前一篇文章中的阐述，其中谈到了领导力的 6C 特征，其基本内容如下。

信念（Conviction）

领导者对个人观点或他人的观点坚信不疑，展现出超常的激情及毅力。正如老一辈无产阶级革命者，坚定信念，不惜抛头颅、洒热血，即使在革命陷入低潮时，也毫不动摇。在商业活动中，类似的例子也不少，比如标准石油公司的洛克菲勒对石油行业的发展前景坚信不疑；苹果公司的创始人史蒂夫·乔布斯（Steve Jobs）对计算机带来的行业变革展现出超常的激情。

品格（Character）

领导者一贯地展现出诚信、正直的品格，受人尊重，令人信赖。这也是成为成功领导者的必备要素。在中国文化中，德才兼备、德在才先的理念一直广受认可，孔子的"仁"、孟子的"义"更是流传甚广，仁义礼智信等价值观深入人心。洛克菲勒将尊重、自信作为品格的重要根基予以强调；杨壮教授将正直诚信、负责可靠、合作共赢、勇敢担当作为品格领导力的核心内容；李嘉诚先生将谦卑、谦恭、谦虚作为建立自我的关键态度，尤其强调自律。

关切（Care）

领导者展示出对他人的品格及职业的关切，尤其是对追随者的关切。韦尔奇曾对关切原则提出了自己的观点，在他看来，优秀的领导人会关爱每一位离职的员工。想象一下，我们在入职的那天，领导者可能会带领我们，将我们介绍给每个部门、每个人，并可能在言语中透露出欣赏，甚至以把我们招聘过来而感到自豪。但当员工离职时，领导者可能很难再表现出这种关切。而优秀的领导者则会像在入职那天的表现一样，在员工离职之日给其同等的关切，留下来的员工会注意到领导者的表现，自发尊重领导者。

勇气（Courage）

领导者坚守自己的信念，敢于挑战他人，也勇于承认错误，必要的时候甚至改变自己的行为。在商业决策中存在分歧并不意外，领导者在面临不同意见的情况下，能够审时度势，进行建设性的对话以达成共识就显得非常重要了。

镇定（Composure）

领导者一贯地展示出恰当的情绪反应，尤其是在面临困难或危机的情况下，能够做到泰山崩于前而色不变。管理是从自己开始的，如果连自己都管不好，如何管他人？平常情况下，大家做到"温良恭俭让"可能并不难，但在极端情况下要做到镇定却很不容易。在洛克菲勒给儿子的信中，曾讲述了一个拍卖的故事。当时洛克菲勒决定采取大举扩张石油业的经营战略，这引起了合伙人克拉克（Clark）的恼怒，于是在经过一系列的准备之后，洛克菲勒决定与克拉克分手，并商定以拍卖的方式将公司留给出价高的买主。按照洛克菲勒的说法，当时的拍卖就像是在赌场上赌钱一样让人感到惊心动魄，原始的出价是 500 美元，很快就攀升到几千、几万美元，这已超出了对炼油厂的预估价值。当竞拍价格达到 7 万美元时，洛克菲勒的心中已经有了恐惧，但既然下定了决心就要勇往直前，最终心中忐忑但面不改色的洛克菲勒报出了 72 500 美元的高价，这时候克拉克站了起来，说道："约翰，公司归你了。"在溢价 140 多倍的一次拍卖中，镇定帮助洛克菲勒取得了最后的胜利，才有了他一步步成为"石油大王"的故事。

能力（Competence）

领导者应该具有与其岗位职责相匹配的能力，既包括学识、经验等方面的硬能力，也有说服、影响、沟通等方面的软能力。领导者还应具有脚踏实地地做事的能力，这强调执行力、变革力、决策力等不同维度的领导力。

6C 某种意义上就是品格和能力的组合，只不过大部分内容都与品格挂钩。能力固然重要，但品格更为重要。

领导力的法则

领导力的六大法则是从另一个角度对领导力进行阐述的，也是我个人比较认同的。

影响力（Influence）法则

众所周知，组织是由人组成的，但并不是每一个人都必须或者能够成为领导者。然而，如果具有影响他人的能力，则从某种程度上来说他就已经具有了领导力，比如影响自己的下属、上级或利益相关者。我的父亲是农民，干活是一把好手，而且从不偷懒。我曾经问他为何干活这么卖力，他告诉我小时候家里穷，吃饭的人多而干活的人少，他也很想玩，但发现大伯扛着锄头下了地，他也就不好意思去玩了，自然而然拿着铁锹跟了上去。显然，在父亲眼里，大伯是有影响力的，虽然不是领导，但事实上发挥了影响力，只不过大伯是通过身体力行影响了父亲的行为；从另一个角度看，父亲悟到了需要帮助家里干活，于是自觉自愿地贡献自己的劳力。每个人都有机会从他人身上学习到做人做事的经验，尤其是财务人员应该多思多想，通过实践培养和发挥自己的影响力。

过程（Process）法则

领导力不是天生的，更不是一蹴而就的，而是通过日积月累逐步形成的，这是一个不断提升的过程。金庸先生写很多大侠都从孩提时期写起，由此可见无论是侠气还是武功，都是经过一次次磨炼逐步形成的。比如令狐冲从华山派的弃徒，成长为得到少林、武当两大掌门首肯的人才；郭靖从大漠深处的一个笨小孩，成长为镇守襄阳的一代大侠。他们无不是经历过一次次的重大考验而成长的，也正是一次次的历练，他们身上的品格和能力逐渐展现出来，得到了他人的赏识和认可。

增益（Addition）法则

正如韦尔奇所言，一旦你成为领导者，成功可能就与你无关了，而是与你的下属成长有关。也就是说，领导者要通过服务他人增值，其领导力不是体现在自己提高多少，而是帮助他人提升多少。比如，风清扬的厉害之处不在于自身的功夫高，而在于培养了一个好徒孙令狐冲，令狐冲可以到江湖上大杀四方，不仅打败了武当派的冲虚道长，还和东方不败较量了一番。没有经验的领导者，可能喜欢凡事冲在前头；但成熟的领导者可能更善于倾听、学习，然后领导、激励他人努力。财务人员的领导力，也许可以通过对信息、数据的加工和传递来更好地赋能业务，帮助组织创造价值。

关联（Connection）法则

领导者在寻求一个帮手之前，应触碰心灵，让他人心甘情愿地按照自己指引的方向前进。领导者需要与他人充分沟通。一些人与他人沟通的时候往往相信自己所说的是有价值的东西，这时候的沟通往往带有说教的性质；但如果你说出一个东西，对方能够悟出来其中的价值，这时候的沟通效果可能就不一样了。比如在《射雕英雄传》中，郭靖在桃花岛碰到了囚禁于此的老顽童周伯通，于是两人结拜为兄弟，老顽童将王重阳得到九阴真经的事情和盘托出，并告诉郭靖王重阳得到经书后，把经书放入石匣，压在自己打坐的蒲团下面。郭靖听后立即说："其实烧了更好。"周伯通大吃一惊，因为当年重阳真人也是这么说，只不过重阳真人几次想要毁去，总下不了手。这时候郭靖对自己的想法作了解释："王真人的武功本来就已经天下第一，练得再强，不过还是天下第一。他到华山论剑，倒不是为了争天下第一的名头，而是要得这部九阴真经。他要得到经书，也不是为了练其中的功夫，而是救普天下的英雄豪杰，让他们免得互相斫杀。"这样一解释，老顽童就悟了过来，感慨道："兄弟，你心地忠厚，胸襟开阔，只可惜我师哥已经逝世，否则他见到你一定喜欢。"表面上看，老顽童年龄大，也得到过王重阳的耳提面命；但从价值观上看，郭靖却与王重阳达成一致，正是郭靖的换位思考，让他得到老顽童的认可。据此，郭靖也就在老顽童的面前有了领导力。

赋能（Empowerment）法则

领导者需要学会赋能他人，以帮助他人获得成功，而不是自己处处显示出高人一头。因此，领导者的好，并不是领导者自己有多好，或者通过什么方法更好地充实自己，而是给他人授权，让他人得到发展，甚至在明知别人不如自己的情况下，也能忍住不指手画脚，从而让下属得到真正的成长。我国的企业家王石曾经分享过他的故事，1998 年的万科，已经成为中国上市公司中最大的房地产公司之一，但在那一年王石却决定辞去总经理的职务。他在非常平静地宣布决定后，第二天和往常一样来到公司，结果发现办公室已经变得不一样了，大家都去开会了，他被晾在一边。他拼命压制住去开会现场的冲动，以体现自己真的把权力让给了总经理。结果几天后总经理找到王石，汇报开会的情况，说下一步准备做的事情。几次之后，王石发现不对了——总经理继续来汇报工作，说完之后希望得到王石的回应。意识到这一点之后，王石咬紧牙关，坚决不再评论。在他看来，这才是真正的授权和赋能，主动放下，让下属真正担起责任来，是否真正能做到放权、培养和赋能下属，是对领导者的考验。

押注（Buy-in）法则

押注法则是指人们把注押在领导者身上，相当于看涨领导者。领导者先有了梦想和愿景，并将其传递给他人，从而有了追随者；而追随者则发现了领导者，决定追随他，于是也有了梦想，进而去拥抱、实现梦想。正如《西游记》所描述的那样，孙悟空、猪八戒、沙和尚或主动或被动地发现、跟随唐僧，相当于把注押在了唐僧身上，希望跟着他能够实现"成佛"的愿景；而唐僧意志坚定，不负众望，历经千辛万苦，终取得真经，实现了"能成金身、能得正果"的目标。因此，领导者要思考的重要问题是靠什么来凝聚人心，让他人心甘情愿、意志坚定地跟随自己，并相信能够得到期望的结果。

显然，领导力是一种能力，比如能在大家都迷茫的时候给团队指明前进的方向，拟定战略计划，并在梦想与现实之间做好平衡，把合适的人放在合适的位置上，激励和赋能他人。领导力更是一种品格，让团队的人有归属感、认同感；领导者能得到大家的信赖和尊重，愿意成就他人，勇于承担责任，好学、力行、知耻。

2

解剖财务领导力

扫码即可观看
本章微视频课程

► 脱颖而出的 CFO

杰夫·伯恩斯坦（Jeff Bornstein）在 2013 年 6 月至 2017 年 10 月期间担任通用电气公司（GE）的首席财务官。他毕业于波士顿的东北大学，主修专业为金融学，大学毕业后就加入了 GE 的电力部门，并在 1996 年成为 GE 航空部门的 CFO，两年后，年仅 33 岁的伯恩斯坦进入 GE 的高管队伍。

在 2001 年，杰夫·伊梅尔特（Jeffrey Immelt）担任 GE 的 CEO 后，将 GE 的金融服务公司拆分为了 4 个由他直接领导的部门，伯恩斯坦担任了其中规模最大的商业金融部门的 CFO，掌管了大约 800 亿美元的资产，并用近 10 年的时间帮助公司建立了一支庞大的金融团队，在贷款、租赁及库存融资业务方面攻城略地。2008 年金融危机爆发后，伯恩斯坦与管理团队一起带领着贷款业务和金融服务公司度过了那段糟糕的时期，并在 2013 年 6 月接替了集团的原 CFO 基思·谢林（Keith Sherin）成为公司的新任 CFO。此后伯恩斯坦又配合集团高管完成了金融服务公司的拆分和部分资产的出售，并帮助 GE 设计了一套保守的并购法国的阿尔斯通公司的承销方案，为该并购交易提供股价下行风险的保护。2017 年 5 月，伯恩斯坦作为 GE 新任 CEO 的最终候选人之一，接受了公司董事会的面试，并给与会者留下了很好的印象，6 月，伯恩斯坦被擢升为副董事长。根据伊梅尔特的回忆录，伯恩斯坦一直以来都向董事会明确表示，他首先效忠的是公司，而不是自己的利益。作为伊梅尔特的搭档，他在公司内部备受尊重，不仅运营能力出众，而且对公司的两大业务——工业和金融有着非常深刻的洞察，具有清晰表达的能力。

什么是财务领导力

领导力是复杂的系统概念

宁高宁先生曾经对战略、财务、人才等做过系统性的陈述。在他看来，领导力是个非常复杂的系统概念，至少有 3 个方面的要求，比如要有战略性的前瞻思维，要有带动团队的能力，以及具有决断力及承受压力的能力。作为战略和执行的连接点，一个组织核心的要素是人，需要思考的不仅是"想不想"的动力问题，还需要解决"能不能"的承力系统问题。作为一位具有财务背景的领导人，宁高宁先生自身的成长经历，很好地诠释和践行了他对领导力的理解。比如公司的战略目标之一，是实现股东价值的最大化，当公司的投资回报超过其投资成本，那么公司就将创造价值，因此，管理者可以用投资回报来评价业务和投资的绩效，通过基础的财务分析和贴现的现金流量来作出更为明智的经营和投资决策。此外，要有一种对跟随者进行感染和培训的能力，不仅自己精力旺盛，而且可以调动他人的激情；要学会自嘲，能够和你的下属说："兄弟，这事你做得不错，那天是我做错了。"要能够通过战略调整，将自己所在的组织在产业价值链中的地位，提升到高端的利润区，通过技术、品牌及公司在整个行业中的领导地位，来打造世界级的公司。

在美国，有两位名人受到大众的广泛推崇，一位是伯克希尔哈撒韦的 CEO 沃伦·巴菲特（Warren E. Buffett），另一位是通用电气的前 CEO 韦尔奇。两位都是著名公司的 CEO，但通常人们认为韦尔奇更具有领导力。巴菲特曾经对此进行解读，认为韦尔奇有一种能力是他所没有的，就是对人的感染和培训。显然，站在领导力的角度看，个人的能力出众还不够，还需要在打造团队、领导、激励和赋能他人等方面表现突出。

一线 CFO 的思考

TCL 的前 CFO 黄宏斌曾经对领导力、财务领导力进行了较为全面的思考。他将一家公司比喻成汽车，并将 CEO、CFO、CHO（首席人力资源官）比喻成公司最高层的三驾马车，其中 CEO 是方向盘与油门系统，CFO 是油箱及刹车系统，而 CHO 则是负责人才和团队建设的。在他看来，CFO 是公司的价值设计师和价值实现的总工程师。在此基础上，他建立了一个优秀 CFO 在业务及财务决策事项方面的领导力框架，即在如何做正确的事方面体现的决策力，在如何做人方面体现的人格力，以及在如何正确地做事方面体现的执行力。与领导力的框架保持一致，CFO 的财务领导力体现在愿意成就他人（包括客户与员工）、成就组织，并对他人形成强大影响力与吸引力，其中具体包括财务决策力、谦逊人格力与高效执行力。

黄宏斌的观点很有代表性，同时也体现了财务领导力的内涵。优秀的 CFO 是一个好人，甚至可以成为制度、治理、文化的代言人。CFO 是一个称号，代表的是一种职位，但同时也是团队的灵魂和代表。如何将 CFO、CFO 所在的财务组织以及公司整体表现结合起来，是评价财务领导力的重要因素。

作为整个公司组织架构的重要组成部分，财务部门在法定报告编制、税务申报、公司内外部沟通、决策信息提供、管理变革推动等方面扮演着不可或缺的角色。一方面，财务部门及其成员需要恪尽职守，在数字真实性方面取得利益相关者的信任；另一方面，则需要在业务赋能、价值创造、组织变革推动、资本及资源配置、投资组合管理及战略计划等方面积极参与并发挥重要作用。在此过程中，当财务组织及个人在保持核心职能的基础上起到了推动变革和影响他人的作用，体现出专业性和职业操守时，即可视为具有财务领导力。

财务组织的领导力

典型的组织架构

从会计角度看，重要的假设之一是会计主体。公司是通过组织架构来实现权责利匹配的。图 2-1 列示了一家公司典型的组织架构。

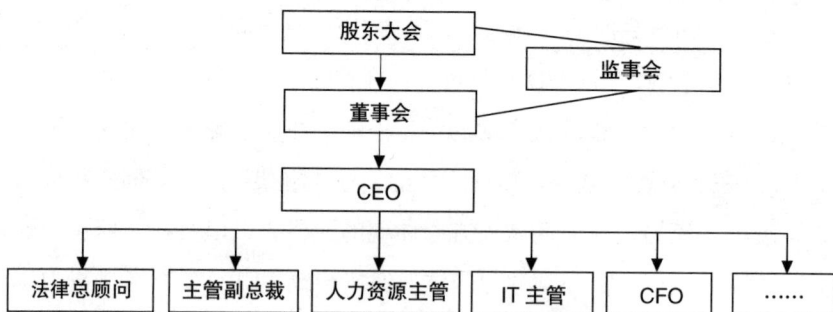

图 2-1 公司一般组织架构

CFO 通常向 CEO 报告。在我国的法律环境下，CEO、CFO、法律总顾问等通常统称为管理层，除了常规的股东大会、董事会、监事会之外，通常还有党委会，其起领导和监督的作用。此外，集团公司因考虑战略、业务开展等因素，还存在区域、地区、业务分部的组织划分方式，也存在集权、分权等不同管控方式，因此组织架构设置并不完全一致。

财务组织的定位和构成

一般而言，财务组织的职能定位和构成不尽一致。多年前笔者所在公司的财务部包括集团财务部及分公司、子公司财务部的两层架构设置，在集团财务部则设置了集团财务科、控制科、行政科、投资科、成本科、税务科、资金科等多个科室，分别履行不同的管理职能。伴随着环境的变化以及新技术的应用，很多公司的财务组织也有所改变，尤其是在大数据、云计算、物联网、区块链、人工智能、元宇宙等新技术的冲击下，财务部门的机构设置呈现不同的名称和职能。例如某公司官微发布的财经部门就下设了至少 9 个部门，分别是账务管理部、经营管理部、资金管理部、销售融资部、税务管理部、内控与风险管理部、子公司管理部、定价部、集团财经质量与运营部，各部门分别履行不同的职责。

IBM 对领导力的观点

国际商业机器公司（IBM）曾发布研究报告，对财务组织的领导力进行了初步的剖析，具体如图 2-2 所示。

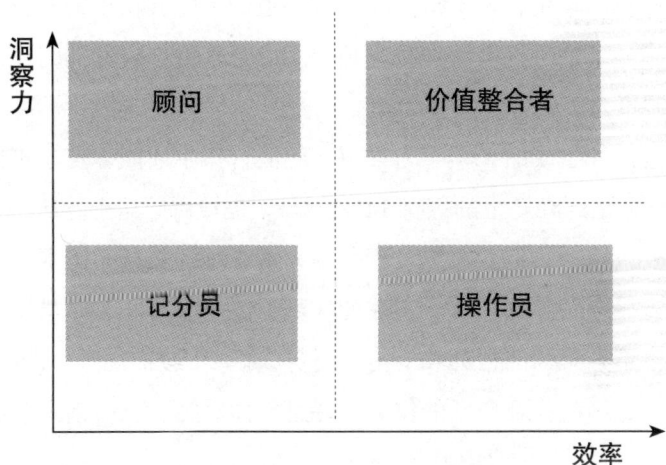

图 2-2　财务组织领导力示意

财务组织的领导力体现在两个维度所组成的坐标图中，其中，横坐标代表的是效率，可以用人效、时效等指标来予以度量；纵坐标代表的是洞察力，可以用关键业绩指标如 EVA（经济增加值）、ROE（净资产收益率）、客户满意度、员工忠诚度等指标来度量。以效率为例，当年的华为轮值董事长郭平曾对财务部门负责人说，财务报告早出来一天，相当于给公司创造 2 亿元的价值，这从时效的角度对财务部门的效率进行了度量。现在很多公司建立财务共享中心、进行智能化升级改造，一个重要的度量指标也是时效。财务报告时间大幅压缩，能提高决策的效率。当年通用汽车的总裁斯隆对事业部制下的各分部资源配置头疼不已，时任 CFO 的布朗则提出了"投资回报率"这一指标，为公司资本配置指明了方向，这可理解为洞察力维度的应用。

当两个维度的指标确定下来，就可以按图索骥，找到公司财务部门所处的位置。记分员位于坐标轴的左下方，财务部门主要满足外部监管的要求，提供法定报告或接待外部审计，充当记分员的角色，而当新技术广泛应用时，这一职能可能会逐步被替代；如果财务部门的效率非常高却对业务部门的赋能不够，那么也无法为资本或资源配置指明方向，此时财务部门就是操作员的角色；如果财务部门效率很低但能够在相关业务场景下提供很好的指导，则可以被看作顾问角色。综合来看，财务部门应该努力提升效率和洞察力，成为价值整合者。

组织是由人组成的，领导力只有在团队合作中才能体现。正如足球场上，一个球队活跃在场上的只有 11 名球员，但要保障这个球队顺利完成比赛，则需要教练、候补、医护、后勤等大量人员的服务。比赛打赢了，观众会把眼光投向获胜的球队、进球的球员，但作为球队和球员本身，则非常清楚这离不开集体的帮助和支持。财务人员要成为价值整合者，就有必要总揽全局，同时找到自己的位置，并且努力成为队长，指挥、协调整个球队的攻防节奏，争取最终胜利。

财务组织要融入整个组织，其影响力会体现在各个方面。比如，在董事会下属的专业委员会如投资委员会、预算委员会、审计委员会、薪酬委员会等机构中，财务组织及其人员发挥着重要的影响力。财务主管（Treasurer）、各财务规划与分析师（Financial Planning & Analysis）应各司其职，同时要增强财务部门的凝聚力，推动组织健康发展、繁荣昌盛。在 GE 公司中，CFO 只有一个，通常作为董事会成员参与重大的决策以发挥影响力，但其背后却有着强大的组织作为后盾。伯恩斯坦虽能力出众，但在数据提供、价值地图绘制、财务影响力发挥等方面离不开 GE 公司的培养及文化影响，更离不开整个财务团队的通力合作。

CFO 个人的领导力

有能力帮助组织创造价值

尽管财务团队是一个整体，但真正的领导力应该体现在财务人员的一言一行上。正如足球比赛，需要 11 个人通力合作以取得最终胜利，虽然比赛胜利后，人们往往会把眼光投向进球的球员。在 2022 年卡塔尔世界杯决赛上，阿根廷队取得了冠军，但人们津津乐道的却是已经 35 岁"高龄"的足球巨星梅西（Messi）。若非专业球迷，可能根本不知道梅西进了几个球、助攻了几次、在关键场次和关键时机传了几次球，但大家都知道，梅西帮助整个球队取得了胜利。应该说，梅西在此过程中充分体现了领导力，无论是在个人能力还是在球队合作精神方面的表现都可圈可点。《商业评论》上有一篇名为"梅西的哲学"的文章，将梅西在球场上的哲学分为 5 步，其中第一步就是"扫描全场，绘制价值地图"，这与财务的哲学不谋而合。财务人员应有全局观，能够绘制整个组织的价值地图，进而推动整个组织不断创造价值，这是体现领导力的重要方面。

财务人员天生低调，很难成为公司的明星，但并不影响其有一颗登顶的心，如果能够及时传出"好球"，帮助诸如梅西这样的人登顶，同样也是一种领导力的体现。财务人员不见得要去射门，但至少应该守候在价值区，在履行好本职工作的同时赋能业务，为一线去传球、助攻，为进攻提供机会。

有追求，愿意承担责任

就 CFO 个人的领导力而言，首先应该体现在品格维度，除了遵守会计人员的职业操守之外，CFO 还要追求进步，追求 CEO、董事长的格局和胸怀。管理学大师德鲁克（Drucker）认为，领导力不是"个人魅力"，也不是"处理好公共关系"，更不是表演，它是业绩，是始终如一的行动，是信任。对于职业经理人而言，其应该具有服务意识。领导职位并不能给予你某种特权，它赋予你更多的是责任。当你坐在了那个位置上，就要做好承担责任的心理准备。业绩好、业务能力强可能只是最低要求，能够给团队树立起榜样，有诚信正直的好声誉，才是领导应该追求的东西。

中国古代读书人的一个基本志向是"不为良相，必为良医"。现实生活中，很多实务界人士将财务人员视为"医生"或"大夫"，认为财务人员不仅应该有救死扶伤、悬壶济世的精神追求，还要有妙手回春、药到病除的专业技能。华为公司创始人任正非先生曾要求财务人员既要做"专科"医生，也要做"全科"医生，其实是对财务人员提出了较为全面的素质要求。

有担当，能融入集体

作为韦尔奇时代成长起来的CFO，伯恩斯坦的身上深刻烙上了GE的文化印记，无论是对卓越业绩的不懈追求，还是对谦虚谨慎品格的锤炼，伯恩斯坦都可称得上是翘楚。如果把场上负责"进球"的伊梅尔特看作站在闪光灯下的梅西，那么伯恩斯坦就是默默站在门线上看守住己方球门的马丁内斯（Martinez）。

2008年的金融危机，很多公司受到巨大的负面影响。当年的4月11日，GE公司公布了第一季度的财务业绩，其利润比预期少了7亿美元，尽管财务表现不佳，但当时的CEO伊梅尔特对通用电气金融部门的努力仍心怀感激。在他的自传中，伊梅尔特说要不是金融团队的努力工作，业绩偏差会更大。在公司公布业绩后没多久，伊梅尔特去参加公司的一次会议，本来气氛很紧张，但他却看到时任通用电气金融公司的CFO伯恩斯坦戴着一顶保护头部的橄榄型头盔。伊梅尔特说，每当回忆起伯恩斯坦戴头盔参会的这件事，都会笑个不停。这说明伯恩斯坦有幽默的性格，尤其是愿意自戴头盔来进行自我调侃，这与宁高宁先生所说的"自嘲"有异曲同工之妙。伯恩斯坦戴上头盔，表面上看是因为公司业绩糟糕，可能担心被投资者或与会人袭击，而实质上更可能是为了缓和气氛，让与会人认识到，整个公司、整个管理层是团结一心的集体，他所在的部门虽然业绩很好，但他仍愿意和整个公司站在一起，面对市场的挑战。

关键时刻挺身而出

伯恩斯坦的能力也非常出色。当 2008 年金融危机蔓延时，美国政府推出了救助计划，尤其是对银行所发行的证券提供了政府担保，以重建投资者的信心。而 GE 公司向来以航空发动机、核磁共振扫描仪等工业产品示人，表面上看是一家典型的工业公司，但事实上以资产规模计算，GE 公司也是一家拥有庞大金融业务的非金融机构。其一方面通过工业企业稳定的现金流获得评级机构 AAA 级的信用评级，进而在资本市场上通过商业票据等筹集大额、低成本的资金；另一方面则通过融资租赁等金融业务将资金贷出去，以获取高杠杆的收益。当金融危机来临，一旦银行所出售的债券享有政府信用的担保，而 GE 公司所发行的票据没有得到同等担保，就会导致市场投资者抛弃 GE 公司的债券，接下来 GE 公司想通过市场滚动发行证券来筹资就变得非常困难，如果不及时获得政府的背书，公司的资金链很快就会出现问题，并会导致融资成本飙升。

在预测到这种潜在的风险之后，GE 公司立即作出决策，即务必获得美国政府的背书和担保。GE 公司需要提供强有力的理由来证明 GE 公司即便不是一家银行，也应当享受美国政府推出的"问题资产救助计划"所带来的好处。资本市场的根基是信心，时机是关键，如果 GE 公司无法及时得到政府的背书，公司就有可能陷入倒闭或破产的境地。

这时候，伯恩斯坦再次挺身而出，和其他几个人草拟了一份只有一页内容的、被戏称为"要命图表"的文件。在这一页纸上，伯恩斯坦简要介绍了 GE 公司所开展的金融业务涉及的一些关键贷款领域，同时图示了这些贷款业务在各自领域的市场地位，比如飞机金融、设备贷款及租赁、车队租赁、医疗租赁、自有品牌信用卡，都是美国市场占有率第一的业务，同时 GE 公司金融业务在商业房地产贷款、金融和能源基础设施、农业机械和卡车运输领域等也有着举足轻重的地位，这些领域不仅范围广，而且事关整个国家的普通民众，一旦陷入危机，后果不堪设想。整个"要命图表"用粗体字表达了其核心思想，即 GE 公司持续为美国"经济关键领域提供流动性"，对美国经济的影响甚至大过美国政府想要保护的很多银行。

公司用了3个星期进行游说,最后美国联邦存款保险公司(Federal Deposit Insurance Corporation,FDIC)修改了计划,为 GE 公司敞开了大门。显然,在此过程中,伯恩斯坦所精心准备和提供的、具有深刻洞察力的"要命图表"发挥了重要作用。

IMA 的领导力框架

美国管理会计师协会(The Association of Accountants and Financial Professionals in Business,IMA)曾在 2019 年发布《IMA 管理会计能力素质框架》,将领导力作为一个关键模块予以介绍,并将沟通技巧、激励并启发他人、协作、团队合作及关系管理、变革管理、冲突管理、谈判、人才管理作为财务领导力的关键要素予以阐释,为业界理解、培养领导力构建了蓝图。表 2-1 列示了关键要素的基本内容。

表 2-1 IMA 领导力模块概览

要素	定义	表现举例
沟通技巧	有效地倾听他人,通过各种形式的沟通(包括书面、口语和非语言的)传递出思想和观点	高效沟通、凝聚共识
激励并启发他人	使用适当的影响技巧和工具解决问题,以实现业务目标成功并达到最佳的组织结果	启发他人发挥潜力,激励团队
协作、团队合作及关系管理	与他人有效合作,为实现积极结果建立互信关系	与组织内外合作伙伴协作,推动彼此信任,实现双赢
变革管理	通过过渡,领导组织、团队或个人,向预期愿景和目标发展	拥抱变革,领导变革,推动战略达成
冲突管理	运用恰当的影响技巧和工具解决问题,以实现组织目标,达到组织结果最优化	及时解决冲突、有效应对困难,建立一种有助于改善冲突的建设性文化
谈判	使谈判多方达成共识,以达成最优结果和谈判方都能接受的解决方案	运用沟通技巧实现积极结果

要素	定义	表现举例
人才管理	有效地选拔、培养并激励人才，以保证人才队伍壮大及商业成功	为组织中的关键职位建立继任者计划

从表 2-1 中可以看出，领导力的要求体现在自己努力和领导他人等不同层面，但不管是沟通还是激励，都是通过共同努力推动组织目标顺利实现来达成的。IMA 还针对每个模块设立了入门、初级、中级、高级、专家的能力要求，为财务人员领导力的进阶提供了方向和指南。但从本质上来说，上述框架可能还需增加一个重要模块，即目标。领导，体现为引领和指导，这种引领和指导应该以目标为导向。如果说领导力的第一层级是"领导自己"，IMA 的框架可能更多关注的是更高层级的"领导他人"。当然，领导力还体现在团队的打造上，除了凝聚共识、目标导向之外，还体现在"软实力"的打造上，比如用关爱、激励、信任等来让团队成员得到长足进步。

财务领导力的障碍与挑战

王熙凤的领导力挑战

《红楼梦》中刻画了很多经典的人物形象，如弱柳扶风的林黛玉、深谙人情世故的刘姥姥、慈爱睿智的贾母等。我曾在课堂上问学员，如果在红楼梦中选一个人物当 CFO，你们会选谁？较为一致的答案是王熙凤。在《红楼梦》中，王熙凤多次面临挑战，比如贾府的开支很大，且府中人大手大脚惯了，而且收入少，想节省开支，如果节俭过度，外面的人会笑话，贾母、王夫人又受委屈，府中的下人们也会抱怨刻薄。有一次贾母过生日，王夫人急了两个月，想不出法儿来，后来把后楼上没要紧的大铜锡器四五箱拿去典当，弄了 300 两银子。

王熙凤累也就算了，还经常受气。比如贾母生日，宁国府的尤氏发现没有值班的人，于是叫手下的丫鬟去传管事的人来，结果"县官不如现管"，没人搭理。按尤氏的说法："这早晚园门大开着，明灯蜡烛，出入的人又杂，倘有不防的事，如何使得？因此叫该班的人吹灯关门，谁知一个人牙也没有。"王熙凤获悉后，叫把回话的婆子捆了，送给东府处理。其中一个婆子是邢夫人的丫鬟的亲家，找到邢夫人，添油加醋地说了，强调"亲家七八十岁的老婆子，和二奶奶说声，饶一次"。邢夫人本来对王熙凤就有意见，于是当着众人的面来了一句："我昨见晚上二奶奶生气，打发周管家的娘子捆了两个老婆子，可也不知犯了什么事？论理我不该讨情，我想老太太好日子，发狠的还舍钱舍米，周贫济老，咱们家先到折磨起老人家来了。不看我的脸，权且看老太太，竟放了他们罢。"王熙凤被搞得又羞又气，问题是尤氏和王夫人关键时刻也没有站在她这边，尤氏怪她"太多事"，王夫人也说邢夫人"说的是"，王熙凤落了个里外不是人，"越想越气越愧，不觉的灰心转悲，滚下泪来"。

现状

表面上，王熙凤是贾府的当家，看起来风光无限，实际上却只能"打落牙齿和血吞"。可见，CFO 并不是那么容易当的，尤其是要当一个让大家都认可的 CFO。

现状之一是"要想人前显贵，人后可能受罪"

财务人员应该认清现实，每家公司都有一个 CFO，但不是每个 CFO 都有领导力；看起来当家理财的位置很风光，没准里面就有几个人前强颜欢笑、背后焦头烂额。公司处于安稳时期的 CFO 相对好当，公司业务健康，收入、利润增长强劲，业绩超预期，银行主动放贷，股票表现优异，CFO 个人的收入、声誉都可圈可点；然而若环境比较恶劣，组织面临巨大挑战，业绩提升困难甚至发生巨额亏损，这时候的 CFO 可不好当，对领导力的要求也就更高。

CFO 的位置只有一个，普通的财务人员需要清醒地认识这个事实，与此同时还要努力做到恪尽职守、履职尽责，这才不失为一种明智之举。想在团队中出人头地，就需要付出努力，还要有亮眼的业绩和高尚的品格。

现状之二是"为人难做，易得罪人"

木秀于林，风必摧之。一旦成为 CFO，就要准备迎接更大的挑战。就像王熙凤一样，累死累活仍然落不着好，按照她的助手平儿的说法："你们（这些刁奴）素日眼里没人，心里利害，我这几年难道还不知道。二奶奶若是略差一点儿的，早被你们这些奶奶治倒了。饶这么着，得一点空儿，还要难她一难，好几次没落了你们的口声。"而贾母的大丫头鸳鸯也深有同感："（凤丫头）虽然这几年没有在老太太跟前有个错缝儿，暗里也不知得罪了多少人。总而言之，为人是难作的，若太老实了，没有个机变，公婆又嫌太老实了，家里人也不怕。若有些机变，未免又治一经，损一经。"一家上市公司事情千头万绪，人员素质参差不齐，要做好 CFO，就要有迎接挑战的能力和勇气。

现状之三是满足利益相关者期望的 CFO 较少

从需求方来看，可以用"既要又要还要"来要求 CFO，比如利益相关者对 CFO 有很高的期望，希望 CFO 能应对复杂多变的全球化背景下市场经济带来的挑战。此外，新金融工具、租赁、收入准则等国际趋同带来的复杂性，客户个性化需求的增长，公司全球化运营带来的合规挑战等，都需要 CFO 深入其中，尤其是支撑战略、赋能业务、帮助组织在 VUCA（Volatility，易变性；Uncertainty，不确定性；Complexity，复杂性；Ambiguity，模糊性）时代建立起核心竞争力。因此，公司内外部的利益相关者希望 CFO 团队能够构造一张安全网，并在此基础上更多参与决策，帮助组织创造价值，在确保公司财务健康的同时，CFO 团队能够成为价值整合者，在效率和洞察力上发挥重要的影响力。

然而，从供给方来看，目前很多公司的 CFO 在决策支持方面的投入并不多，他们可能仍过多地聚焦于日常业务的账务处理，较少地投入"多打粮食""赋能业务""创造财富"上来。就影响力而言，财务在众人的眼中仍然是一个"经济警察"，关注的是合规，确保的是财务相关法律法规得以遵循。当利益相关者期望 CFO 从"经济警察"转向"伙伴"的角色时，对 CFO 的技能要求就有所不同，因为"做账"与"用账"、"赚钱"与"花钱"是完全不同的学问。

综合来看，在专业性及影响力方面有亮眼表现，且能够真正满足利益相关者期望的合格的 CFO，仍然处于相对短缺状态。部分公司的 CFO 仍然把日益繁杂的经济业务账务处理作为工作重点，着眼于计算价值，影响力局限于合规，离成为市场及利益相关者所期望的角色，如在全球化、利益相关者复杂化、合规要求日益复杂的环境下，CFO 更多参与决策，更多参与价值创造，并作为业务乃至战略伙伴发挥其影响力，还有一定的差距。

障碍与挑战

认清障碍，改变自己

具体而言，CFO 面临的障碍包括两个方面。

一是财务工作本身的基本定位不清晰

这让财务部门与业务部门之间较易产生角色冲突，比如业务部门要"多打粮食"，而财务部门则强调"合规"，如果没有在规则、制度、流程等方面达成共识，那么财务部门就会被视为阻碍业务部门攻城略地的障碍。即使在华为这样的大公司，任正非先生也曾以邮件的方式，对财务部门提出了严厉的批评，强调"皮之不存毛将焉附"的观点，将业务作为"皮"、财务作为"毛"，这也告诉财务部门需要在日常工作中更好地与业务部门沟通，要把财务专业性强的特点适当弱化，走出办公室、走到一线，用业务部门听得懂的话来沟通、说服、影响业务人员，在"合规"的基础上"多打粮食"。

二是财务工作的角色定位不完整

一些财务人员往往把确认、计量、报告、披露作为核心工作内容，即使部分人认识到 CFO 应该成为 CEO 乃至公司的合作伙伴，需要在辅助经营、利润管理、价值创造、降本增效、风险控制等方面发挥作用，但仍把大量时间、精力放在交易处理上，对报告、控制、决策支持等方面投入不够。

伊梅尔特之所以认可伯恩斯坦作为公司的 CFO，绝不是因为伯恩斯坦把账做得多漂亮，而更多是因为他在 2008 年金融危机、GE 剥离金融业务、并购阿尔斯通中发挥了不可或缺的作用。因此，财务人员要对自己的角色有更加完整的认知，财务人员不仅要进行账务处理，还要在规则制定、业务赋能、战略资源配置等方面有更多的参与，并在不同工作角色上合理分配精力和时间，在业务伙伴乃至战略伙伴方面展现出更多的影响力。

如果说障碍来自财务自身，那么挑战则来自所处的客观环境。比如新技术带来的颠覆性影响，以大数据、社交媒体为代表的技术及数据应用，对公司来说已经不再是辅助性的、可有可无的东西，因之所产生的数据已经成为公司新的核心资产，如何入账只是形式，如何从这些数据资产中提炼出来价值则是更有挑战性的事情。对 CFO 而言，只有主动转型，更新技能，同时更好地运用新技术来帮助团队更高效、智能、创新地工作，通过引领或推动变革来实现组织有序、高效运行，才有可能得到更多人的认可。

接受挑战

通常而言，CFO 面临 6 个方面的挑战。

挑战之一：财务资源的配置与公司的战略执行存在脱节的现象

哈佛大学的一份报告显示，一家公司战略失败的重要原因之一就是预算与战略脱节；我国著名企业家宁高宁先生在一次演讲中也提及，同样的战略选择、行业选择及定位、资源投入、市场环境，得到的结果却有所不同，其中资源获取及配置、目标预算及评估考核是其中不可忽视的因素，值得财务人员警醒。因此，CFO 需要有战略思维，将财务目标与战略目标融合起来，建立起 CFO 与公司高层共同的话语体系。

挑战之二：财务与业务出现背离

仅仅会记账，能够核算利润是远远不够的。一些公司在招聘会计人员时，提出了一些新的要求，比如能够针对公司的业务流程制定优化方案；能够结合公司的产品、市场、销售、采购、供应链、价值链等情况做一份财务分析和经营分析报告；能够通过揭示数据背后的业务风险及问题，为决策提供支持并赋能业务。在日常工作中，与利益相关者沟通时仅仅从财务部门的视角出发，动不动就是利润、成本、作业成本、平衡计分卡，可能很难得到他人的认可。此外，财务部门提供的财务数据是一种事后反馈，缺乏及时监控、动态反映的功能和决策的前瞻性；因为流程的烦琐及僵化，财务人员可能被其他部门视为业务发展中的绊脚石，甚至在一些重大决策中被逐步边缘化，处于无为无位的尴尬境地。

挑战之三：缺乏高效工具和手段来对核心业务加以管理

以资金管理为例，很多公司缺乏统一的信息平台，也未能对资金做到集中统一管理，导致资金管理的被动甚至混乱、失控。国务院国有资产监督管理委员会于 2022 年发布《关于推动中央企业加快司库体系建设进一步加强资金管理的意见》，要求在 2023 年年底前，所有央企基本建成"智能友好、穿透可视、功能强大、安全可靠"的司库信息系统，所有子公司银行账户要做到全部可视、资金流动全部可溯、归集资金全部可控，实现司库管理信息化、制度化、规范化、信息化。但实现这个目标似乎难度不小。虽然有些公司已经实现了现金池管理、外汇管理、银行关系管理、债务融资管理等，但是在全球化、数字化、智能化以及动态、实时反映等方面仍有待加强。财务人员还需要将工作的重点从资金的预算、结算、核算等日常工作，进一步拓展到公司资本结构的动态优化和调整，努力降低资金成本，并通过长短期债务比重的合理配置有效管理风险；努力实现在平衡成本收益的基础上，高效管理经营、投资和筹资活动的目标。

挑战之四：无法有效地降低成本费用

对于一家市场经济主体而言，价格往往由市场决定，而成本则更多由企业自身决定。部分公司财务人员对成本费用的理解局限于现有范围，未能从战略的高度来理解和管理成本费用；对成本费用的控制和节约，往往也限于财务控制，无法真正介入业务控制；因视野所限，对成本费用的降低缺乏有效的手段。如果能够把成本管控与价值创造环节结合起来，通过战略、生产组织、控制层面拓展成本管理的范围，则能够很好地大幅降低成本。这也是财务开展成本控制的努力方向之一。

挑战之五：信息孤岛严重，信息系统投入产出不匹配

针对不同的数据需求，在缺乏顶层设计的情况下，财务人员往往面临数据来源不统一、口径不一致的困扰，一些信息停留在地区、部门甚至个人层面，造成信息孤岛，进而造成全面、实时监控以及动态数据分析无法实现。在康美药业造假案中，业务系统采用的是捷科系统，财务系统采用的是金蝶系统，财务系统与业务系统没有有机融合，甚至与业务脱节，想要实现数字真实都很难，更不要说精细化管理了。

如果财务部门能够引领业务流程再造，建立集中式管控平台，实现业务、经济指标管理的实时动态反映，进而推动经济与业务管理的一体化融合，实现精细化的度量和管理，并通过全面预算实现有效管控，那么财务领导力自然就突显出来了。

挑战之六：无法建立有效的绩效考评体系

业绩评价往往是管理中的痛点，尤其是研发、行政、后勤等难以量化评价的部门更是如此，因此建立绩效考评体系，对业务、人员进行公平、透明的考评成为挑战。目前，很多公司建立的绩效考评体系存在一定的局限性，比如主要站在财务层面上考核收入、利润、现金流及其增长情况，没有真正将财务和战略结合起来形成闭环，也未能从财务和非财务的不同层面来考虑绩效考评和激励问题。如何进行市场、财务、流程、学习和成长乃至战略方面的指标平衡，通过短期、中期、长期激励的平衡，把业绩与激励很好地匹配起来，也是财务部门面临的重要挑战。

作为领导者，就要做好准备迎接挑战。领导者能做的就是正视自己，认清事实，改善自己的行为，克服各种障碍和困难，带领团队不断走向胜利。不同组织在不同阶段面临的问题各异，前述的两大障碍和六大挑战，也许只是冰山一角。财务人员有必要合上书本，面对现实，一步步克服实际工作中的障碍，这才是财务领导力提升的必由之路。

美国密西根大学商学院教授戴维·尤里奇给出了领导力的"密码"，即主动变革，将"所知"变为"所行"。领导者一方面要做变革的推动者，在变革的过程中发挥一定的重要作用；另一方面则要制定清晰的决策流程，明确作什么决策、谁来作决策、何时作决策、如何作明智的决策等要点，同时还要确保问责到位，比如制定清晰具体的目标和衡量标准。

参与战略执行，揭示风险，提升绩效，并通过复盘来不断反省，也许是财务人员可以借鉴的思维方式。在帮助组织成功的过程中，财务人员在品格和能力两个维度上不断提升自己，财务组织在洞察力和效率两个维度上不断向价值整合者靠近，这才是财务领导力提升的方向。

财务领导力的 STUDY 模型

《论语·学而》开宗明义，其中子曰："学而时习之，不亦说乎？"这句话提出了不但要"学"，而且要"习"，还要有"时"的理念。学什么？可能是礼、乐、射、御、书、数六艺，也可能是孔子一以贯之的忠恕之道。不但要学，而且要习惯成自然，内化于心，外化于行。比如篮球巨星迈克尔·乔丹（Michael Jordan），每天投 1000 个 3 分球，练成了一种肌肉反应，能够在球场上自然而然地发挥作用。"时"有很多的内涵，比如"书到用时方恨少"的"时"，"时也，命也"的"时"，"好雨知时节"的"时"，"观乎天文，以察时变"的"时"。当对所学的东西经过千百次的理解、练习后，就可能形成一种条件反射，就能够在解决实际问题时发挥恰到好处的作用。

"STUDY"模型很好地诠释了财务领导力的内涵。

S（Self）

"S"即自我，知道自己是谁，清楚知道自己的努力方向，也明了自己的优势和不足。在明确目标的前提下，努力做到自律、自强、自信、自尊、自爱。想清楚自己想要什么，有什么，愿意放弃什么，内心有没有做好担任领导的准备，是否有渴望进步的动力、愿意承担责任和迎接挑战的勇气等。

T（Team）

"T"即团队。领导不可能单枪匹马做事，更不要奢望自己能够具备所有的知识、经验和技能，而是要考虑如何组建自己的团队，发挥各成员的长处，通过愿景、价值观等凝聚人心，激励和引导团队取得胜利。

U（Up）

"U"即"立"。儒家讲三不朽，即立德、立功、立言，这往往是针对个人的。参考三不朽，团队也应该要"立"，比如立一个目标，立一个誓言，立一个愿景，努力帮助组织创造价值，让人人都有一颗向上的心。

D（Do）

"D"即执行力，也可以说是"知行合一"。确定目标后，还要脚踏实地、一步一个脚印地践行，勇于承担风险，哪怕经历九九八十一难，仍然不停止前进的步伐。比如曾国藩在年轻时知道自己有"无恒"的缺点，于是开始坚持写日记、每日反省自己。

Y（Yes）

"Y"是承诺。其既可理解为找到自己的客户，围绕"客户第一"的理念，以客户为中心来培育自己的能力，提供优质的服务，也可以理解为完成目标后的肯定和庆祝。

领导力的培育要经历一个漫长的过程，学习、持续学习是建立领导力的必需手段。在此过程中，领导者不仅自己要通过进德修业达成目标，而且要努力帮助团队取得进步，为客户提供服务，为组织创造价值，为社会承担责任。

3

打造财务领导力

扫码即可观看
本章微视频课程

▶ 丘处机认输

《射雕英雄传》中有这样一个故事。全真教的丘处机道长误认为法华寺的焦木大师把怀孕的李萍藏了起来，于是双方发生了冲突。焦木大师与江南七怪是朋友，于是江南七怪为朋友两肋插刀，与丘处机动起手来。等到两败俱伤之后，双方才得知被段天德欺瞒，从而引起误会。虽然事后丘处机道歉，但江南七怪的领头飞天蝙蝠柯镇恶还要打，于是丘处机心念一动，定下来一个赌约：由丘处机去救杨铁心的夫人包氏，江南七怪去救郭啸天的夫人李氏，救下之后好好安顿，待二人产下孩子，丘处机教姓杨的孩子，江南七怪教姓郭的孩子，十八年后，双方再在嘉兴府醉仙楼头相会，让两个孩子比试武艺，看谁更胜一筹。

双方签订了一份长达十八年的赌约。在此期间，江南七怪历经千辛万苦，在大漠深处找到了郭靖；而丘处机也履行承诺，收了杨康为徒。十八年后，双方再见，郭靖和杨康并没有正式比武，丘处机却主动服输。他说："我这孽徒人品如此恶劣，更万万不及令贤徒。咱们学武之人，以品行心术居首，武功乃是末节。贫道收徒如此，汗颜无地。嘉兴醉仙楼比武之约，今日已然了结，贫道甘拜下风，自当传言江湖，说贫道丘处机在江南七侠手下一败涂地，心悦诚服。我马师兄、王师弟在此，俱是证见。"

显然，双方的胜负并非由武功高低决定，而由两个徒弟的品行心术决定。杨康生在王府，从小锦衣玉食，聪明绝顶；郭靖生在大漠，风餐露宿，为人愚笨。但最后却是郭靖获胜，尤其是数十年后，郭靖因为殚精竭虑、奋不顾身镇守襄阳，被江湖尊称"郭大侠"，说出了"为国为民，侠之大者"八个字。

郭靖不是天生的"大侠"，他的成功，受客观环境和个人努力双重影响。自幼在大漠长大，塑造了他宽广的心胸，母亲、哲别、江南七怪、马钰、老顽童、洪七公等多位家人师长的言传身教，帮助他在能力和品格上不断提升，再加上自身不懈努力，最终走上了正道。

领导力是一种软实力，是否可以培养在学术界有很大争议。有的人认为这是一种天赋，不可以培养；如果说郭靖是小说中的人物，有虚构的成分，那么伯恩斯坦和 GE 的实践，则说明这种软实力在某种程度上，是可以通过后天的训练学习来加以塑造和培养的。美国领导力专家约翰·C. 马克斯韦尔（John C. Maxwell）也得出类似的结论，他曾做过一项非正式的问卷调查，旨在找出到底是什么造就了领导者，结果发现 10% 是天赋，5% 是危机产生的结果，而 85% 则是其他领导者的影响。换句话说，一个有领导力的领导者，可以影响他人并将他人培养成新的领导者。与此同时，他将领导力水平分为三个阶段，即提高自己、发展团队以及培养领导者。由此看来，财务人员要培养领导力，首先应该从提高自己着手，努力做好本职工作；其次要在发展团队上下功夫，不断带领团队取得成功；最后还要能培养出能够接替自己，甚至超越自己的接班人。

对事的管理能力

被认为是当今世界领导力发展领域的领军人物之一，曾在哈佛大学任教的斯科特·斯努克（Scott Snook）写过一篇名为"领导者需要个人目标"的文章，他认为明确目标和鼓起勇气实现目标，是领导者最重要的自我发展任务。但现实生活中，很多领导者或高管对自己所在组织的使命、目标的认识和理解比较清晰，但说起个人目标，则往往泛泛而谈，比如"帮助别人变得更优秀""保证成功""给员工授权"等。能够有明确的计划，把目标转化为行动的人凤毛麟角。

对财务领导力而言，"武"就是专业胜任能力，是核心能力，能履职尽责，迎接挑战；而"侠"则是品行心术，能"不战而屈人之兵"，影响他人，得人信任。

财务的那些事

财务与资金的融通有千丝万缕的关系。组织要花钱做事，钱从哪里来？投资者、债权人提供钱，但他们不是慈善家，为何愿意注入资金？答案是信任，他们相信所投入的资金能够实现安全性、流动性、盈利性等一系列的目标。这种信任建立在财务数据真实的基础上，更是建立在用钱的"受托人"具有受托责任的基础上。如果把管理比喻为开车，那么财务就是后视镜、仪表盘和导航仪。财务领导力可以聚焦于这 3 个具体的物体来提升。

评价过去：后视镜财务

开车的时候，我们通常要眼观六路、耳听八方，尤其在变道时，需要看看后视镜。财务的一个基本产成品是"报告"，这也是利益相关方了解公司的非常重要的途径。巴菲特在接受采访时，建议大家要学习会计，并将财务报告中所披露的会计数字转化为商业语言。在他看来，会计的基本工作就是记录，而不是评估；会计人员通过提供真实数据，反映公司的财务状况、经营成果及现金流量，进而有助于使用者评估公司的价值并追踪公司的发展情况。

显然，财务最重要的产成品之一，就是定期发布的财务报告。财务报告用会计这种商业语言，帮助使用者了解公司的整体状况。会计只反映客观现实，如果没有财务报告所披露的数字，很多投资者可能会无所适从。评估、决策则是投资者和公司经理人的任务，投资者拿到了财务报告，只是评估、决策的起点，相关数据可能有助于投资者进行商业思考，但仅仅有会计数字，是无法进行真正的决策和思考的。

开过车的人都知道，后视镜必不可少，但真正要在速度和安全之间形成平衡，后视镜也许并没有那么重要。对财务而言，仅仅提供具有"后视镜"功能的财务报告是远远不够的；对领导者而言，认清现实可能更为重要，即通过公司信息的集成及分析，能够发现问题，进而提出建设性意见，这可能是财务提升领导力的方向之一。

量化现在：仪表盘财务

在日常的开车过程中，驾驶员可能会偶尔碰到仪表盘上某个灯亮了起来的情况。车子的零部件成千上万个，构造极为复杂，早期的驾驶员不仅会开车，还会修车，但随着社会分工的日益精细化，现在的驾驶员很少会修车了。当驾驶员看到仪表盘上亮起红灯或黄灯，第一反应可能是去 4S 店，也可能会翻开车辆说明书，争取了解"亮灯"背后的原因，进而给出有的放矢的解决方案。

　　财务报告不仅提供给外部的社会公众，管理层也需要据此作出实时的决策。数百页的报告显得信息过载，能不能将其做成类似"仪表盘"的载体，让决策者直观地了解公司的运行状况，就成为一种现实挑战。如果能够进一步为"仪表盘"背后的信息提供原因分析，找到归口责任人，并适时给出解决方案，那么财务的影响力就自然而然得以体现。

　　多年前，我在 MBA 课堂上请了一位实务界的 CFO 来做分享，他对公司所做的"仪表盘"给我留下了深刻印象。据他介绍，公司有上百个产品，每年资金的进出都以亿元为单位，而且涉及财务资金、生产经营、销售采购、投资并购、研发行政、信息披露等多个流程。面对如此复杂的信息，如何保证信息的真实、可靠，确保目标顺利达成，成为一个现实挑战。

　　公司引进了国际知名公司提供的软件，他将相关业绩指标、风险指标整合成一套可视化的"仪表盘"。比如将"归属于母公司的净利润""主营业务收入""经营性现金净流量""净资产收益率""期间费用率""EVA"等指标分为红、黄、绿这 3 种颜色，当该指标处于"绿色"状态，表示安全，"黄色"代表管理者应予以关注，"红色"代表危险，应重点关注。当使用者在"仪表盘"上选取任何一个指标，就可以进一步看到该指标的分解分析数据，包括预算数、实际数、偏差、上年同期、产生偏差的原因等；高管还可以查看整个集团、二级 / 三级子公司等数据及其变化情况，从而将影响目标实现的关键数据实时找出来，并从财务、经营等不同维度进行决策。

　　我的一位校友，则在数字化转型方面做了很多的尝试，并将商务智能（BI）运用到日常的财务管理中，构建了可视化的 BI 管理驾驶舱，以多维度的图表来展示相关的指标及其变动情况，不仅可以实现数据间的实时联动，进行数据的多级穿透查询，还能够支持多端应用展示。他在分享经验时提到，以前要掌握公司账上有多少钱，会去问财务；如果公司业务复杂，银行账户数百个，一时半会儿还真不见得能得出准确的数字。现在不一样了，财务人员将机器人流程自动化（RPA）运用到公司的资金管理中，每天下班后机器人自动对账，第二天早上就可以看到所有账户的明细及汇总数，而且还能够实现跨银行／跨系统的数据查找和对账，可以实现 BI 的数据处理及分析功能；监控偿债能力指标，可以提前进行融资安排；监控理财收益指标，可以实现资金配置的适时调整，并进行资金计划的评估甚至外汇汇率风险的管理，极大提升效率。

因此，"仪表盘"财务能够帮助使用者实时了解经营业务产生的结果，通过简单的诸如红绿黄颜色来揭示风险；如果结合新的数字技术和智能工具，还能够实现在线、实时、动态地监控，有助于揭示指标差异背后的原因，便于使用者更好地决策。

预测未来：导航仪财务

驾驶员要实现安全、准时的目标，不仅需要熟悉路况，还需要了解车况、天气状况、道路拥挤程度等各种信息，而如何在速度、安全等方面达成平衡，导航必不可少。

对财务而言，努力成为"导航仪"，成为决策者不可或缺的伙伴，是培养领导力的努力方向之一。数字是冷冰冰的，把数字变成信息，甚至形成智慧，才能够发挥辅助决策的作用，进而产生影响力，给决策者以参考价值。

一个经理不懂财务，就像一个将军不懂作战地图。但光懂作战地图是不够的，还要能"连百万之军，战必胜，攻必取"，要把地图读活、用活，预测就必不可少。将预测得到的结果量化，该结果成为资源配置、绩效考核的依据。

理论上，可以把"导航仪"作为一个指明方向的工具，在目标一致的情况下，提供多条路径。因此 CFO 在参与决策时，不仅要明确目标，还要能给出实现目标的具体路径。

把事做好

探春当家

话说荣国府的当家人王熙凤小月了，王夫人让李纨、探春和薛宝钗三个人代替凤姐照管荣国府。三人尽心尽力，让大家觉得比凤姐当权时更谨慎了一些。其中探春更是在报销、采购、大观园变革等方面作出了表率，得到了凤姐的好评。

以报销为例。赵姨娘的兄弟赵国基死了，家奴吴新登的媳妇欺负李纨老实、探春是一个姑娘，只是将这一事实陈述了一下，想看看两人是否有主见。李纨想这件事简单，前两天袭人的母亲刚过世，给了四十两银子，赵国基按此办理即可。但探春很精明，问吴新登的媳妇，老太太屋里的老姨娘家里死了人是怎么处理的。吴新登媳妇一时答不上来，只能取来以前的"旧账"查看，研究下来，发现贾府的报销有严格的标准。"奴才"分家里的、外头的两类（通常来说，用银子买来的穷人家的子女，依照买时签订的契约，将来可以赎身的，称为外头的；而世代为奴的，则称为家里的）。按照制度，如果家里的奴才的家人去世，只能报销 24 两银子；而外头的则可报销 40 两银子。袭人属于外头的，所以她母亲过世给了 40 两银子，而赵国基属于家里的，只有 24 两银子。

此后，探春又把采购胭脂水粉的钱给免了，并借鉴了大家管理园子的经验，让大观园成为真正自主经营、自负盈亏的"经济体"，得到了上下的一片好评。连向来严格的凤姐也交口称赞，认为三姑娘"心里嘴里都来得，又是咱家的正人，太太又疼她"，正好和她协同，"大家作个膀臂"，算是把探春当成了自己的同盟军。

探春并没有做过会计，此前也没有当过家，但她上任后，通过自己的观察、思考、学习、实践，很好地履行了自己的职责，让奴才去掉了轻慢之心，甚至产生了敬畏之情，其变革也得到了各方的一致认可，充分说明了用心、学习的重要性。

IBM 重生的幕后英雄

　　蓝色巨人 IBM 在 20 世纪 90 年代曾面临巨额亏损，其中 1993 年的年度报表显示，公司的亏损额创下近 90 亿美元的历史纪录。公司董事会聘请了时任雷诺兹烟草和纳贝斯克食品公司的总裁郭士纳（Gerstner），期望能够让公司扭亏为盈。郭士纳把两个关键人员的搜猎计划列为优先事项，其中之一就是 CFO。按照郭士纳的回忆录的说法，为一家需要大量流动资金的公司融资 650 亿美元并令其起死回生，可不是一件容易的事情。

　　当时还是克莱斯勒公司的 CFO 杰里·约克（Jerry York）成了 IBM 的新任 CFO，郭士纳当时在美国纽约的办公室亲自面试了他，据说这是一场令人难忘的面试。当时杰里身穿白色衬衫和蓝色正装外套，在郭士纳的眼中他浑身上下都打理得利索而完美。两人一照面，就很坦诚地交换了意见，杰里很率直，直接告诉郭士纳他想得到 CFO 这个职位，而且还展示了他筹划的一系列应该尽快在 IBM 予以实施的财务计划，显然，杰里有备而来。郭士纳后来评价说，杰里面试时所表现出来的直率、厚道、坦然及分析能力，都给他留下了非常深刻的印象。杰里是一个十分务实的人，而这也正是郭士纳所急需的、IBM 缺少的那种人。一个月后，杰里就加盟了 IBM，成为公司重生的开路先锋。

　　杰里在战略制定、经营模式改变、业务流程再造等方面深度介入，领导了整个公司商业模式的再造，硬件开发、软件开发、执行、整体供应链、客户关系管理、服务、人力资源、采购、财务、不动产、信息技术等领域，都得到了重新梳理和整合。一年之后的结账日，公司仅仅从信息技术系统上就节约了 20 亿美元的开支；1994 年至 1998 年的 5 年时间里，公司从不动产项目再造中节省出来的资金总额则高达 95 亿美元。除此之外，流程效率得到极大提升，比如：硬件开发时间从过去的 4 年，减少到 16 个月；产品交付及时率从 1995 年的 30%，提高到 2001 年的 95%。加上采购运输成本、销售费用、材料成本等大幅下降，公司终于起死回生，郭士纳成为世人眼中的英雄，而杰里则是辅助郭士纳的最大功臣。

杰里在这场变革中的所作所为很好地体现出了其领导力。财务人员可在基本功、风控能力及资源调配能力 3 个方面培养或展现自己的影响力。

基本功不能废：学会报销、编报表

探春的无私

如前所述，财务的基本产成品之一是"财务报告"，市场往往从财务报告这个窗口来解读公司的基本面。公司战略是否正确、经营是否顺畅、管理是否有效率，都可以从一些基本的数据中体现出来。花了多少钱，钱来自何方，花钱是否有效果，都可以从财报报告中一窥究竟。

从花钱角度看，财务的基本职能是反映，主要体现在报销上面。报销不仅要看数字，还要看这笔钱该不该花。比如探春上任，抓的第一件事就是"报销"，赵国基虽然名义上是探春的舅舅，但按制度规定只能得 24 两抚恤金，哪怕是赵姨娘来哭闹，抱怨自己作为母亲，在抚恤金的报销上连一个丫头袭人都不如，探春仍然坚持原则，做到了铁面无私。

苏筱的洞察

电视剧《理想之城》中，主人公苏筱刚到天成公司时无所事事，当时的主任经济师陈思民让她贴"报销发票"。前台杜鹃对苏筱的做法看不上，认为发票不能这么贴，看起来太乱了，大小也不一样；但苏筱一番解释，让杜鹃刮目相看。在苏筱看来，她把停车场的票据按时间顺序进行了整合，查起来更方便。其中一部分发票，是陈主任在银行跑贷款产生的停车费开支。按苏筱的分析，前两个月陈主任跑银行很勤，在银行停留的时间也比较长，还涉及好几家银行的停车费，这说明银行贷款不顺利；但从上个月下旬开始，陈主任报销的单据中没有停车场的票据了，估计银行贷款已经下来了。可见，有心的人能够从发票中看出额外的信息，能对报销的人所开展的经济业务作出合理的推测。可以说苏筱对公司的了解和认识，最初是从发票中得出来的。

学会"油门"和"刹车"的自由切换：具有风险管理能力

应对风险不仅需要谨慎

在 IBM 重生的过程中，CFO 杰里的分析能力展现得淋漓尽致，并且将分析的结果转化为公司的决策。对 CEO 而言，公司处于生死存亡之际，每天都要作出决策，一件事到底要不要做，就需要 CFO 来帮助作决策。以应用软件业务为例，IBM 当时有一块业务是为重要的客户定制重要的软件，但历史数据显示，公司并没有从这块业务中获得应有的收益，很多投资打了水漂，按杰里的说法"几乎血本无归"。杰里用一个数据，就让公司从这块业务中撤了出来，即"IBM 在此前的 12 年中，用于应用软件开发和并购的投资是 200 亿美元，但利润回报却是大约负增长 70%"。这是典型的对非营利业务踩下了刹车。

阿里巴巴的前任 CFO 蔡崇信有一句名言："谨慎能让我们活下去，贪婪能够让我们活得好。"对阻碍目标达成的风险说"不"，及时发现市场机会，通过资源的灵活配置来抓住机会、创造价值，是 CFO 的重要工作内容，更是风险管理的要义所在。财务人员应努力将关键风险指标应用于日常的经营活动中，尽量将风险消弭于无形。

推动变革，开源与节流并重

如果说把踩刹车视为"谨慎"，那么加油门则可看作"贪婪"。对一家公司来说，尤其是陷入困境的诸如 20 世纪 90 年代的 IBM 公司而言，节流是必要的，裁员、业务流程再造，都是节约开支的必要手段；而如何"开源"则是管理层更应该考虑的问题。

在当时，互联网还没有成为主流，但郭士纳及杰里都已经意识到网络化模式的大趋势，网络化计算模式的出现，将替代 1994 年出现的个人计算机。于是 IBM 公司将资源投入服务业，并将其视为未来给公司带来巨额收益的增长引擎。IBM 公司开始转型，将原本擅长管理工厂并开发技术、懂得产品成本和清仓及制造的资本密集型公司，转变为销售能力和知识的劳动力密集型的服务型公司。

公司在 1996 年提出了电子商务战略，今天看来是极有远见的，而

1997 年推出的"深蓝"超级计算机战胜国际象棋大师，则是人工智能技术的第一次惊艳表现。翻开 IBM2021 年的财报，混合云业务营业收入占比达到 35%，而 70% 以上的年收入来自软件和咨询服务。可以说，在新战略的指引下，IBM 公司成功转变为一家"不造计算机的计算机公司"。

将 KPI 与 KRI 结合起来

对财务人员而言，谨慎是基础，但站在风险管理的角度，谨慎只是一个方面。COSO 在 2017 年推出的风险管理框架，将战略、风险、绩效整合了起来，提出"良好定义的战略"来驱动有效的资源配置及有效决策，并提供路线图来帮助建立整个组织的商业目标，组织将"风险管理"整合融入战略设定中，为管理层提供必要的风险信息，在评估备选战略的基础上，作出某个战略的采纳决策。新框架融入绩效管理，形成一个完整的闭环。即风险总是伴随着预先设定的绩效目标，有关键绩效指标（KPI），就有关键风险指标（KRI），通过将风险管理与日常运营相融合，并将经营目标与风险更加紧密联系起来，有助于提升组织的整体绩效。

CFO 需要努力参与到公司的重大决策中去，同时在决策中考虑创造价值的机会，将风险管理与战略设定、绩效管理实践密切融合，以实现与价值相关的收益。如果说"刹车"是避免价值减损，那么"油门"就是价值创造。CFO 要培养和提升领导力，就有必要在两者之间自由切换，把握好"谨慎"和"贪婪"之间的平衡。

掌握战斗主动权：强调资源调配能力

资源是为目标服务的。

在电视剧《亮剑》第一集中，李云龙率领的新一团与日本的坂田兵团对上了，本来处于战斗劣势的新一团，在李云龙的要求下，人人上刺刀，开始了反客为主的进攻，让坂田连呼看不懂。等到后来李云龙攻打平安县城，更是让整个华北乱成了一锅粥，不仅调动了丁伟、孔捷的部队，连国民党的楚云飞部也被调动起来加入了围点打援。显然，在李云龙看来，部队的人数、装备不是他考虑的重点，一场仗该不该打、有没有亮剑精神，才是他决策的立足点。

现实生活中同样如此，一家公司要在激烈的市场竞争中活下来、活得好，就要有清晰的发展战略，但很多时候资源成为实现战略的障碍。优秀的 CFO 需要能够调配资源，来帮助 CEO 打胜仗。在《三国演义》中，实力最弱，也是最后形成气候的蜀国，之所以能够与魏、吴形成三足鼎立之势，关键在于贯彻了诸葛亮的"东联孙吴、北拒曹操"的战略。

CEO 作决策，CFO 来支援

中国的著名企业吉利汽车曾在 2009 年完成了对国际知名品牌沃尔沃汽车的并购。相关资料显示，当时沃尔沃的母公司福特汽车曾将出售价格定在 60 亿美元，随后又降至 35 亿美元，随着谈判工作的推进，此后一度减少到签约时的 18 亿美元，而吉利汽车最终因为养老金的问题，将实际支付的价款降低到 13 亿美元。吉利汽车要完成并购，就需要足够的资金。在此过程中，吉利汽车的时任 CFO 尹大庆起到了重要的作用，截至并购案的实际交割阶段，尹大庆就已经在中国香港成功融资了 50 亿元人民币。等到实际支付款项时，公司已经顺利找到了理想的投资方，因此最终并购资金支付名单上，不仅有浙江吉利控股集团有限公司，还有上海嘉尔沃投资有限公司和大庆市国有资产经营有限公司。不同的融资渠道，为并购提供了足够的资金。吉利汽车董事长李书福对媒体坦言："我并不懂得资本运作，也不关心具体财务，这些都是尹总的事。"

资源永远是有限的，把有限的资源调配到需要的地方，即把钱用在刀刃上，是尹大庆的一贯主张。在他看来，对资产有限、资源调配能力不足的民营企业而言，如何把钱用好，远远比赚钱更有挑战性。在将吉利汽车的资产负债率控制在 65% 以内的基础上，尹大庆还为公司在战略目标、持续经营、海外并购等方面提供了强有力的财务支持，不仅将"资金链、融资线、资金池"理论运用到具体的集团资金管理实践中，在拓宽融资渠道的同时，节省财务成本并减少资金占用，同时还根据吉利汽车的业务结构，设计出有针对性的绩效考核办法，有效提升公司的劳动生产率和经营效益，为公司开疆拓土打下了坚实的基础。

对人的影响力

在小说《射雕英雄传》中，郭靖先后得到了母亲李萍、哲别、江南七怪、马钰、周伯通、北丐洪七公乃至南帝段智兴（一灯大师）的教诲和点拨，武功、人品也为人所钦佩，但江湖人士提起他来，仍然是北丐的弟子、桃花岛主的女婿，直到镇守襄阳数十年后，才真正形成"郭大侠"的口碑。显然，领导力不是一天就形成的，需要从点滴做起，需要经过时间的淬炼。

领导力专家马克斯韦尔关于领导力有两个观点。一是影响力法则，即衡量领导力的真正尺度是影响力。在他看来，领导力只有在追随者那里才能得到证明。在杨过看来，郭靖夫妇是他的杀父仇人，父仇不共戴天，但最后杨过却一次次受到了郭靖的感召，并最终帮助郭靖守住襄阳，与他一起把臂言欢，接受襄阳百姓的欢呼，此时的郭靖并非以武力让杨过臣服，而是郭靖诚朴质实、胸怀天下的品格发挥了作用；郭靖能够和老顽童结拜为兄弟，也是因为其价值观赢得了周伯通的认同。二是过程法则，在马克斯韦尔看来，领导力的提升是日积月累的结果，并非一日之功。领导力专家沃伦·本尼斯（Warren Bennis）与合作者发表的研究显示，自我发展和不断提升自身的技能水平，是领导者与其追随者最本质的区别。郭靖经历母亲的离世，在跟随成吉思汗西征的过程中看到了蒙古大军屠城的惨状，一次次的打击让他对学习武功本身的意义产生了质疑，但正是这些经历让郭靖不断成长，并将一生所学用于保护大宋子民，成为一代大侠。从这点上看，先要经历不断的自我发展和技能提升，然后才有可能具有领导力，影响力法则和过程法则在此过程中发挥重要的作用。

从管理自己到领导他人

要发挥影响力，领导首先要在能力和品格方面有超越常人之处。而领导力的培养，需要从管理自己逐步过渡到领导他人上来。

管理自己：止于至善

中国儒家的经典《大学》，在开篇就明确"大学之道，在明明德，在亲民，在止于至善"。读书人以修身齐家治国平天下为目标。按《大学》的说法，"自天子以至于庶人，壹是皆以修身为本"，而《论语》则记载"本立而道生""君子务本"。

需要强调的是，管理并不是领导，但领导离不开管理。一些人通常认为管理针对下属，下属不听话，开除就行，但在领导者眼中，管理会带来影响，首先应该从自己开始管理。

郭靖在成功的路上，应该感谢很多人，他的授业恩师洪七公必然占有一席之地。作为当时江湖上的"五绝之一"，其典型的特征体现在外观及绰号上，黄蓉就是从他右手只有四根手指、食指齐掌而缺认出了他。洪七公自己也不讳言，认为自己有一个馋嘴的臭习惯，一想到吃，就什么都忘了，有一次为了贪吃，误了一件大事，于是一发狠，一刀把自己的食指给砍了。因此，领导者的管理，是从自己开始的，可以正视自己的缺点，从而在提升、完善自己的道路上不断向前。

在刘备三顾茅庐之前，诸葛亮躬耕陇亩，安分守时，但也会"自比于管仲、乐毅"。管仲是在好友鲍叔推荐之下，帮助齐桓公"九合诸侯、一匡天下"的人，按照孔子的说法，"管仲相桓公，霸诸侯，一匡天下，民到于今受其赐"，那是对老百姓有功的人，尤其是对文化建设作出巨大贡献的人；乐毅是帮助燕昭王打败齐国，能做到"忠臣不说君主过错"，并成为燕赵两国客卿的人。这说明诸葛亮有很高的气节和目标，虽然不为当时的众人所称许，但得到身边的好友崔州平、石广元等人的认可，并最终得到好友徐庶的推荐，成为刘备复兴汉室的助力。

领导他人：大公无私

事实上，很多学校都会开设领导力之类的课程，这些课程往往教大家如何去提升获取知识的能力和技能。但从专业视角看，知识和技能往往很容易被遗忘，也许将所学的知识和技能运用于实践，才是最好的教育方式。

在马克斯韦尔所著的《领导力21法则》中讲述了施瓦茨科普夫的一个小故事。施瓦茨科普夫通过卓有成效的流程来减少部队的伤亡，且每当有士兵因为踩到地雷而受伤时，他都会迅速行动营救伤员。有一次，一位士兵踩到地雷而受伤，施瓦茨科普夫立刻赶到现场，正当直升机准备把伤员运走的时候，另一名士兵又踩到了地雷，而且腿部被严重炸伤，痛得满地打滚。

人们意识到，这是一片雷区，受伤士兵的行为不仅将自己置于危险之中，而且可能带来更严重的后果。施瓦茨科普夫当机立断，决定亲自去救第二名士兵。他慢慢走进雷区，走到士兵旁边后迅速抱住了那个士兵，让他冷静下来。顺理成章，第二个士兵获救了，不仅如此，在工程队的帮助下，整支队伍都被救出了雷区。

"责任"驱使施瓦茨科普夫走入雷区，这也许就是领导者的重要品质。领导者需要比别人多走几步路，比别人多做一些事情，在面临艰难抉择时，牢记责任。施瓦茨科普夫的行为，很好地诠释了他对领导力的洞察，即在品格和能力之间，他选择品格。这种品格，可以理解为他所阐释的责任、荣誉、爱国。

站在CFO的立场看，CEO比自己的地位高。要建立领导力，就意味着CFO不仅需要着眼于眼前的工作，还要有战略思维，有一定的野心和抱负，即所谓的"既要低头拉车，又要抬头望路"，在把手头工作做好的同时，秉持积极向上的态度、保持活力及专注，抓住机会。除此之外，CFO还要考虑自己作为领导的一面，即培养一个能够接替自己的人或团队。从这点上看，杰出的领导不是证明自己有多强，而是考虑帮助别人做好接替自己的准备，因此领导有必要在日常工作中树立自己的正面形象，表达出对别人的期望、给他人提供参与决策的机会，激发他人努力并帮助他人实现进步和提升。

学乔丹打造领导力

有一篇文章讲述当年乔丹来到芝加哥公牛队，球队的管理者问他："迈克尔，你想要什么？"乔丹毫不犹豫地说："我要总冠军。"管理者很坚决："好，我们的目标是一致的，那么就围绕你来打造团队。"显然，球队的目标与乔丹的目标是一致的，这就是共识。然而球队并非一帆风顺地就拿到了总冠军，尽管乔丹个人很厉害，甚至是 NBA 的得分王，但球队整体的胜率却并不突出。乔丹认为自己很优秀，是因为队友们拖了后腿，在他看来，如果每个队员都能够像自己这样努力，并在比赛中全力以赴，那么成绩可能就会迥然不同了。显然，彼时的乔丹并没有认识到自己的不足，而是把怨气撒在了队友身上。主教练杰克逊（Jackson）发现了问题所在，他找到乔丹进行了面对面的深入沟通，在主教练看来，乔丹个人优秀还远远不够，他应该努力成为球队的领袖。而要承担起领袖的角色，则不仅要以身作则，每天坚持训练、做到最好，还需要花更多的时间来激励、带动、训练队友。只有这样，球队才有希望冲进季后赛、冲击总冠军，芝加哥公牛队才有可能成为一支真正的冠军球队。

据说乔丹开始觉悟，并成立了著名的"早餐俱乐部"，这不是大家聚集在一起用餐的意思，而是大家早上聚在一起练球。媒体报道另一位著名的球星巴克利（Barkley）参加过几次"早餐俱乐部"之后选择了退出，原因是训练强度太大了，他实在受不了。按巴克利的说法，本来他很羡慕乔丹的篮球天赋，但接触下来之后发现完全不是那么回事，因为乔丹在训练中所承受的辛苦，是一般人无法想象的。显然，乔丹是伟大的球员，这种伟大，不仅体现在他拿到了两个"三连冠"，还体现在他通过目标、激励，让球队变得更有战斗力，能够打硬仗、恶仗。

作为财务人员，尤其是 CFO，个人足够优秀也是不够的，同样需要用目标、关爱、激励等来打造团队。CFO 不必亲自下场打球，但可以学习芝加哥公牛队的总教练杰克逊，知道乔丹非常优秀，让乔丹来切实承担起领袖的责任，帮助他打造一支优秀的团队。这种打造，不是通过"职位"来逼迫团队成员成为自己希望的样子，而是首先了解团队成员的真实想法，让他们成为自己想要成为的样子，然后，领导给机会、给平台、给信任、给关爱、给资源，加上严格的纪律，让团队凝心聚力，发挥合力。

尽己为人与推己及人

孔子的忠恕之道

在《论语·里仁》中记载了一段话，大概意思是，有一天孔子快下课的时候，对着自己的学生曾子来了一句："参乎，吾道一以贯之。"曾子毕恭毕敬地说："唯。"等到孔子离开后，门下众弟子估计没明白，就围在曾子身边询问："何谓也？"曾子于是说出了那句著名的话："夫子之道，忠恕而已矣。"

孔子的思想精髓：忠恕。朱熹对这两个字作了进一步的阐释：尽己之谓忠，推己之谓恕。忠于职守是一方面，换位思考是另一方面。

对于普通人来说，认清自己也许更为重要。扪心自问：我是谁？我能做领导者吗？我该如何领导？光问自己还不够，有时候还需要全面评价，别人眼中的我是什么样的？与自我认知有偏差吗？要活出真我还是要成为他人眼中的样子？

当然，对领导力的培养也有很多争议。比如：曾子就提出"吾日省三身"的要求，认为自我反省很重要，这有助于不断提升对自己的正确认知，避免不切实际的自信；也有人认为正确的自我认知并不能真正提升自己，还要行动，通过行动取得成果进而得到自我肯定，从而推动个人表现水平的进一步提高；还有学者认为，领导不见得自己做得多好，关键在于要能调动他人，尤其是提升追随者的表现，这与自我反省、自我肯定不见得有多大的关系，而与激励、赋能、信任他人密不可分。

对于有志于成为领导者、不断提升领导力的人来说，做好自己是必要的，在此基础上再影响他人，帮助他人成功。

做好自己：为履职不断学习实践

在《论语·述而》中，孔子说："三人行，必有我师焉"。哪怕是孔子这样的圣人，也没有停止学习的脚步，而且认为即使是少数几个人一起同行，也能够从中找出可以做自己老师的人。

向任何值得学的人求教

任正非先生曾经对这句话进行过自己的诠释。在他看来，"三人行"前面没有加定语，这三个人可以是任何人；曹德旺先生也曾说过：别看不起乞丐，他能够放下面子，你能放下吗？应该向乞丐学习放下面子的行为。显然，任正非先生、曹德旺先生都对孔子的话有所感悟，是面子重要，还是学习真本领重要，值得每个人思考。也许正是因为孔子愿意虚心向他认为值得学习的任何人求教，最终才成就了他圣人的地位。

开展对标学习

对于公司而言，要做优做大做强，同样也应该秉持"三人行，必有我师焉"的态度，通过开展对标学习，不断开拓进取。宋志平就曾在不同场合，讲述过他学习的经历。当年他在北新建材工作时，通过并购实现了公司的快速增长，同时也建立了很多的规则，比如在投资决策时需要有科学化的决策，避免"一言堂"和盲目决策，具体操作中则采用了"见人见物原则"。他说，这个原则是他从日本企业家那里学来的。

彼时，北新建材与几家日本公司如三菱商事、新日铁及丰田合资设立北新房屋。没有想到的是，为了这个项目，日方专门安排了宋志平在北京的新日铁总部，与当时新日铁的社长千速面谈。来到千速的办公室，宋志平发现对方的桌子上放了一份自己的简历，千速说："宋先生工作这么忙，听说还在读管理博士，这很不容易。我的部下都认为宋先生很不错，我想当面验证一下，现在见到你本人，我决定投资了。"宋志平后来总结说见人见物原则的出发点是规避风险。因此他后来在开展一些重要的合资与收购项目时，也会采用这个原则，会带队深入公司，通过实地调研和考察对项目进行相应的评估，以更好地避免战略性的风险。

有创新精神

现实世界是复杂的，光学习还不够，还要学以致用，随机应变。杨过很厉害，从小就学了西毒的蛤蟆功，后来把全真派、古墓派的武功也学了不少，甚至机缘巧合之下学会了丐帮的打狗棒法。金轮法王问他："杨兄弟，你的武功花样甚多，不是我倚老卖老说一句，博采众家固然甚妙，但也不免驳而不纯。你最擅长的到底是哪一门功夫？"杨过被问得无言以对，虽然金轮法王谈不上是他的良师益友，但这个问题却是切中了杨过学武的根本弊端，直到他多年后练成了黯然销魂掌才算回答了这个问题。

财务人员也是如此，学习是一条很重要的提升能力的路径。财务岗位有会计师、注册会计师、管理会计师、智能财务师、财务分析师、注册舞弊审查师，证书五花八门，课程丰富多彩，但仅仅学习是不够的，财务人员还需要将学到的知识灵活运用到日常的经营实践中，从而解决实际的问题，引领创新。

实践是检验人才的标准

华为对财务人员的培训有独特的一面，比如将财务人员下放到基层去。财务人员通过参加项目概算、谈判、签约、交付、收款等一系列活动之后，相当于对业务的全循环有了基本的认识，也就可以真正地认识财务和业务，为转变为各级的 CFO 奠定基础。

别人给你培训还不够，你还要自我培训。按照任正非先生的说法，人人都是老师，人人都是学生，通过讲评制，让优秀的人才脱颖而出。学习到了知识还不够，还要学以致用。

学习很重要，不仅要学习成功的经验，还要吸取失败的教训，更要从不同现实案例中汲取经验，在此基础上进行创新，用尽量少的资源取得尽可能多的收益。

每个案例都是场景式的，有很多的前置条件或假设，但我们可以从中悟出来一些规律和思维方式。好的 CFO 可能不是学出来的，也不是教出来的，更多是自己悟出来的；把悟出来的东西应用到实践中，做到因地制宜、因时而变，才能检验证明 CFO 的价值和领导力。公司可以提供一定的培养机会，也可以建立一定的选拔机制，真正的好 CFO 最终需要的还是实践的打磨和时间的沉淀。

学会引领和指导：用他人的成功来衡量自己

领导，包含了引领和指导的含义。领导，是离不开团队的，而作为团队的带头人，其成功往往体现在帮助整个团队取得胜利上。领导自己不仅要履职尽责，做好本职工作，还要帮助他人不断取得进步。

寻找接班人

曾国藩在谈及办事精神时，说到了"不贪"等方面的心得，表现在愿意找接班人，并不恋栈。按照他的说法，要做大事情，第一个要想到的就是找替手，有朝一日自己因为各种原因做不下去了，至少知道谁可以替自己做下去。

以曾国藩为例，他非常注意培训人才，甚至在招揽的人才到了自己的幕府做参谋的时候，他就开始观察，甚至训练，其最有名的学生之一，就是后来组织淮军的李鸿章。据说曾国藩有一个习惯，很早就要吃早饭，而且要求手下人一起吃饭。李鸿章是个年轻人，喜欢睡懒觉，太早起不来，于是就开始装病，然而曾国藩非常坚持，派手下的兵勇再三邀请，等到李鸿章赶到营帐后才开始吃饭，吃完饭之后，曾国藩筷子一放，说："少荃，在我门下做事，唯有一字，诚。"这搞得李鸿章满脸通红。李鸿章文笔很好，很多奏章都由他执笔，几日之后，曾国藩当着众人之面夸奖道："少荃文笔俱佳，他日成就不可限量。"做得好就表扬，做得不好就批评，这让李鸿章受益匪浅。

曾国藩一生保人无数，江西巡抚沈葆桢、浙江巡抚左宗棠、江苏巡抚李鸿章等都因他提拔保奏得以升迁。

培养接班人

阿里巴巴前 B2B（企业对企业电子商务）业务 CEO 卫哲曾经在一次分享中提及，他对公司最大的贡献，就是发现了张勇和井贤栋，这两位都是财务出身，后来成长为阿里巴巴集团的骨干人才。显然，在卫哲看来，慧眼识英才是自己成就的重要表现。

由此可见，CFO 个人的成功或者业绩突出仅仅是起点，好的 CFO 会推荐优秀的人才并培养他，让优秀的人能够接棒自己继续创造更多的价值，让整个团队能够继续具有战斗力，以人才的成就衡量自己的成功。类似的还有 TCL 的吕忠丽女士。吕忠丽女士原来是武钢钢铁研究所的财务人员，后来加入惠州的中日合资企业 SPG，担任财务主管一职。在加强成本核算的同时，她为公司设计了多项规章制度。TCL 时任总裁李东生曾是 SPG 的中方董事，对吕忠丽的能力较为了解，为了加强 TCL 的财务能力，李东生力邀吕忠丽加入 TCL 集团。面对集团大部分公司亏损、账上资金有限的现状，吕忠丽开始了资金统一调度、账户统一管理的变革，在规范公司财务管理系统的同时，提升了公司的竞争力。2001 年，为创建世界级企业，充实金融和财务专家队伍，吕忠丽又通过面试，把黄旭斌从中国建设银行广东省分行信贷部处长的位置上引入 TCL，并与黄旭斌一起，以效益为中心，在结算中心管理、财务公司建设、清理亏损项目、改善经营现金流等方面精耕细作，通过提升运营效率、关注盈利的可持续性等手段，帮助集团提升绩效。当 2007 年 5 月吕忠丽退休时，她向李东生极力推荐了黄旭斌。10 年后的 2017 年，已经担任集团 CFO 的黄旭斌，在李东生的安排下担任了公司组织变革领导小组组长，协同人力资源部对集团进行了优化，为集团减员降本增效贡献力量。

通过卫哲、吕忠丽这样优秀的 CFO 可以看出，CFO 是一位领导者，需要思考如何给下级提供机会和平台，让下级能够参与到决策中来，展现自己的能力和品格，通过持续学习、实践，CFO 就可以打造一支实力过硬的队伍，并从中找到能够接替自己的合适人选。这既考验 CFO 的眼光，又考验 CFO 的胸怀和能力。如果每个 CFO 都能像曾国藩那样，让门生故吏都能独当一面，那么 CFO 的领导力就不言而喻了。

润物细无声：掌握沟通艺术与技能

"忠恕"二字，下面都有心字，作为领导，要有诚心，愿意付出真心，并通过与他人建立情感，以获得信任和尊重。

沟通要付出真心

领导力有不同的阶段，通常认为最高阶段是"领导价值观"。价值观看不见也摸不着，但能够从行为，以及在极端情况或危急时刻体现出来。正如一位美国作家所说，人们会忘记你所说的，也会忘记你所做的，但是会铭记你给他们的感觉。如果说领导力是一种影响力，那么人家愿意跟随你，一个很重要的因素可能就是，在与你的交往中，人们通过你的语言和行为，认为你是一个很好的、正直的人。

洛克菲勒在给儿子的信中提及一个观点，强调了"夸奖"的重要性。在他看来，善于驱动他人的领导者，不仅宽宏大量，而且懂得看好他人，并善用赞美他人的艺术。这种看好、赞美，不仅在口头上，还发自肺腑。因此，只有领导者真心付出感情，才会获得追随者更多的信任和尊重。

用同理心赢得信任

韦尔奇在演讲中提到，他每天上班后会经常走到部属的办公桌旁，提出"when、why、what、how"等诸如此类的问题。韦尔奇认为，坦诚地告知对方自己所处的境地，同时详细地告知对方如何才能改善现状，是领导力的重要组成部分。一方面，领导要探求真实的状况，直面公司的经营现状及未来的挑战，另一方面还要认真思考公司的战略、预算及其他流程背后的一些假设条件是否符合现实，通过与下属之间真诚的沟通来建立信任。

韦尔奇在分享中讲到了一个非常重要的词——同理心，这类似于孔子所说的"恕"。如果领导和下属之间没有信任，就无法得到真相；而要建立信任，就需要跳出固有思维，站在对方的立场和视角来看问题。领导需要思考的是要为下属争取什么，哪些事情是公平的。

财务作为一门专业，有很多的专业术语，如资产、负债、收益率、毛利率、EVA、BSC 等，如果和有共同专业背景的人沟通，用这些专业术语没有问题，但其他人不见得对这些专业术语有很深入的了解，如何说到对方心里，引起双方共鸣，就成了财务所面临的重要挑战。数据要形成信息，以帮助他人作出更好的商业决策，这可能是财务人员面临的挑战。此外，财务人员要抓住对方关心的点，比如奖金、红包与什么挂钩，如何平衡短期和长期的利益，等等。

对财务领导力的打造而言，财务人员还要有追求进步的意识，要善于选择公司并抓住进步的机会；通过岗位磨练和优秀表现，展现出自己的视野、胸怀和能力，并得到高层领导的认可，进入公司的人才库；通过培养、选拔、实践检验的不断循环，让自己的品格和能力不断得到历练和提升。宰相必起于州部，猛将必发于卒伍。人才是选拔出来的，更是历练出来的，只有通过实践的检验，财务人员才能够在赋能业务、参与决策的过程中真正实现价值增值，并据此不断地学、悟、思、辨、行，在进德修业方面努力修炼，才有可能在做好自己、领导他人方面展现出与众不同的一面。

4

第 4 章 ∨

培训模块一：领导

成功

▶ 谢东萤的成就

新东方的创始人俞敏洪曾经分享过他找寻优秀 CFO 的故事。当初新东方准备赴美上市，在组建队伍、优化组织架构、引入资本的同时，需要找到一位优秀的 CFO 进行国际资本运作。尽管公司已经有几位不错的财务人员，但俞敏洪认为需要找到一个有带领公司上市经验的 CFO，这位 CFO 不仅要了解中国国情，而且其英语水平要达到母语的程度，最好还要有在亚洲工作的经验。

此后，猎头公司帮助新东方找到了谢东萤（Louis）。资料显示，他是一名华裔，本科毕业于斯坦福大学，在哈佛大学攻读了 MBA，还攻读了加州大学伯克利分校的法学博士，并有律师、投行、CFO 的工作经验，还在中国香港的金融投资证券界工作多年，对中国有比较深的了解。

但谢东萤的要价也比较高，其中一条是至少提供 1.5% 的新东方股份。后来经过权衡，董事会决定授权、批准谢东萤担任新东方的 CFO，帮助新东方于 2006 年 9 月 7 日在美国上市。此后，谢东萤又先后帮助京东、百盛中国、蔚来、禾赛科技等多家公司上市，成为业界著名的专业人士。

成功的道路可能有千万条，别人成功，不见得我们也能成功。谢东萤的学历、资历、经历很可能都是无法复制的，但他愿意接受新的挑战的勇气，值得学习和借鉴。严格意义上来说，一家公司只会有一位 CFO，如果每个人都具备相应的技能和野心成为 CFO，那可能会有很多人失望。"不想当将军的士兵不是好士兵"，谁也不知道"昔日吴下阿蒙"将来会如何建功立业，因此财务人员应该努力提升自己。当更好的机会来临的时候，有准备的人、意志坚定的人、有责任感和使命感的人成功的机会往往更大一些。

竞争力来源

　　有人说 CFO 是创造价值的职业能手，既能够从市场筹集资金，通过收购兼并帮助企业做大做强，还能够通过全面预算、成本管控、风险管理等措施帮助企业顺利实现目标，可谓十八般武艺样样精通。从这个角度看，孙悟空是 CFO 职位的有力竞争者。不过，仅仅有能力是不够的，还需要认同组织的价值观，《西游记》取经团队之所以能够历经八十一难并最终取得真经，一个重要的原因是他们的价值观是一致的。而这种价值观是通过一次次的冲突、磨合逐步形成的。孙悟空最终能修成正果，"三打白骨精"应该是一个重要的里程碑事件。

　　孙悟空火眼金睛，看到白骨精对唐僧有威胁，选择的是一棒子打死；唐僧肉眼凡胎，无法接受孙悟空一而再地伤害人命，于是把孙悟空赶出团队。孙悟空看到的是"真相"，对妖怪零容忍；唐僧看的是"心相"，无故杀人，取得真经也没有用。孙悟空认为团队离开自己可能无法到达西天；唐僧认为悟能、悟净同样可以降妖除魔。

　　离开孙悟空的唐僧，被黄袍怪变成了老虎；而后在猪八戒的激将法下，孙悟空归队，在解除危机的同时与师父和解。

　　孙悟空与唐僧取经的过程，其实也是修心的过程、统一价值观的过程、从唐僧身上学习坚忍不拔精神的过程。每个成功的人，我们能够看到的往往是其风光时刻，但当事人背后吃了多少苦、挨了多少打，可能被忽略。比如孙悟空到菩提祖师处学艺所吃的苦，被如来佛祖压在五指山下五百年所受的锤炼都是有目共睹的。能力和品德兼修，努力培养领导力的人需要正确评价自己，对标偶像，进而找到努力的方向。

我们可以问的问题包括：为什么有些公司看起来比别的公司更有竞争力？为什么某个人得到大家真心的爱戴，有什么经验可以借鉴？通过对比，讨论和分析那些公司或领导者成功或失败背后的原因，进而学习，包括从成功和失败中找到根因，学习如何能够持续取得成功，并在此过程中成为一个成功的领导者，努力做到胜不骄、败不馁。

危难时刻显身手：有信念

信念让郭士纳挺身而出

1993 年 4 月 1 日，路易斯·文森特·郭士纳（Louis Vincent Gerster Jr.）走马上任，成为陷入困境的 IBM 公司新一任 CEO。财务数据显示，上任前一年公司亏损 50 亿美元，当年亏损近 90 亿美元，1992 年摊薄后的每股收益为 -2.17 美元 / 股，1993 年为 -3.55 美元 / 股。按照郭士纳的说法，他就像跳上了一艘正在沉没的泰坦尼克号，甚至能够听到冰层断裂的声音。即便如此，郭士纳还是义无反顾地走上了领导岗位，在 CFO 及其他管理者的帮助下，通过一系列的变革措施，公司在 1994 年扭亏为盈，当年净利润达到 30 亿美元，此后一路上涨到 2000 年的 81 亿美元；每股收益、股价等指标同样迎来逆转，其中 2000 年的每股盈余达到 4.44 美元 / 股，股价更是在他离任前的 2001 年年底达到了 120.96 美元 / 股的高位，他也因此成为美国群众心中的英雄。

郭士纳后来在自己的回忆录中说道，他上任伊始就会晤了公司的领导班子，并从为何要接受这份工作开始说起。按他的说法，自己的履历非常光鲜，有咨询机构、五百强公司的工作背景，本来就是 CEO，也有很好的薪酬收入，他并不是主动来申请或主观上需要这份工作，而是接受邀请来承担这份可能吃力不讨好的工作，接受意味着"实际上承担了责任"——对"美国竞争力和经济健康发展都关系重大"的责任。事实上，他在正式接受这份工作之前，听取了很多朋友的建议，不止一个人对他说了这样一个观点：IBM 是美国财富，不要把它弄砸了。

郭士纳做了很多工作，尤其是组建了新的团队，聘请了能够帮助他实现盈利、进行大刀阔斧改革的 CFO，通过拟定新的公司战略，把目光聚焦到客户上来，并通过精简人事，将公司的成本降低至竞争对手的水平。事实证明他做对了，且正是由于他的责任感与信念，让他能够在 IBM 陷入困境的危难时刻挺身而出。

咬紧牙关"挺一挺"

李·亚科卡（Lee Iacocca）在 1978 年加入"出现历史上最大亏损"的克莱斯勒公司，当时公司连续 3 个财季亏损 1.6 亿美元。他发现公司缺少一套控制财务的完整制度，意识到用人的重要性，于是开始组建新的管理团队，并亲自打电话到委内瑞拉，找到他认可的一流的财务管理人员杰拉尔德·格林沃尔德（Gerald Greenwald）。在不到两年的时间里，格林沃尔德就成了克莱斯勒公司的第二号人物；在格林沃尔德的号召下，斯蒂夫·米勒（Stevie Miller）又加入了公司，而米勒作为一位主要的财务管理人员，对公司作出了卓越的贡献，尤其是在 1980—1981 年间与数百家银行的谈判中，起到了非常关键的作用。到了 1982 年，公司终于扭亏为盈，1983 年更是创造了高达 9.25 亿美元的利润。其间，公司开始有了财务弹性，可以通过发行股票再融资，而发行价 16.6 美元的股票受到了投资者的热捧，不仅数量供不应求，而且价格节节攀升，几个星期就涨到了 35 美元。公司不但提前还清了所有的债务，而且真正脱离险境，通过推出敞篷车、微型客车等一系列产品，成为汽车行业潮流的引领者。亚科卡有一句名言："艰苦的日子一旦来临，除了做个深呼吸，咬紧牙关，尽其所能外，实在也别无选择。"这与曾国藩的"挺经"有不谋而合之处。

阿里云原负责人王坚博士应该对"挺一挺"深有感触。公司投资了数十亿元，团队的人换了一批又一批，很多员工宣称王博士是个骗子，但他不为所动。王博士在中央电视台的一档栏目《朗读者》中，与主持人分享了他的心路历程。从云计算的雏形到形成一个成熟的想法，中间经历了 5

年时间，在他看来，除了阿里巴巴集团创始人以外，可能其他人都认为他是骗子，甚至阿里巴巴集团创始人也可能在想，王博士究竟是不是骗子。那么多的质疑、批评，怎么办？他会假装听不到，假装的次数多了、时间长了，就真的听不到了。很多人离开了阿里云，但在王博士看来，只要还有一个人在，这件事情就可以继续下去。2012年阿里年会上，王博士当着众人的面落泪了，原因是他看到了几位曾经在阿里云工作过，但已经不在阿里云的同学，心中五味杂陈。直到后来飞天系统得了科技进步特等奖，王博士才扬眉吐气，相关技术也得以运用到城市大脑、铁路12306购票、微博红包业务等场景中，坚守获得了回报。时至今日，阿里云已经成为集团业务中成长性、竞争力最好的模块之一。

　　境况好的时候，当领导可能比较容易，银行主动放贷，市场对股票表现出极大的热情，麾下有大把的优秀人才，公司业绩蒸蒸日上。但真正的领导力是在危难时刻展现出来的，在认清现实的情况下，选择合适的人才组成顶尖的团队，推出新产品、努力开拓新市场，最终才有机会取得新胜利。关键时刻的"挺一挺"，是领导成功的关键一步。

龟兔赛跑：比的是专注

乌龟精神的核心是专注

　　龟兔赛跑的寓言故事，大家可能都听过。故事很简单，兔子四条腿，乌龟也四条腿，兔子跑，乌龟爬，从能力上说，赛跑的结果不言而喻。结果却让人意外，兔子跑得快，但中间去睡觉了，乌龟爬得慢，却一直在坚持。不管是轻视对手的兔子也好，还是坚持不懈的乌龟也罢，都给人以警示：成功是靠踏踏实实地努力得来的。

　　要把这个道理运用到日常生活中，似乎并没有那么容易。华为公司把乌龟精神作为一种文化，强调为人要坚定。媒体报道，2013年年底的华为干部年度会议上，创始人任正非就郑重其事地将龟兔赛跑的故事给大家讲了一遍。任正非说，华为就是一只大乌龟，自成立以来就爬啊爬，直到今天还在坚持艰苦奋斗。据说任正非在 2014 年接受国际媒体采访的时候，还强调说如果自己取得了一些成功，原因就是他把大家喝咖啡的时间都用来工作了。

专注是成功的制胜法宝

美国的两位企业家对专注情有独钟。一位是出生于 1930 年的股神巴菲特，一位是出生于 1955 年的微软创始人盖茨。据说两个人在 20 世纪 90 年代之前虽然都已经成名，却彼此之间并无多少交往。直到 1991 年 7 月 4 日，两人才在华盛顿州的班布里奇岛第一次见面，两人一见如故，相见恨晚，都非常享受彼此之间聊天的乐趣。等到吃晚饭的时候，盖茨的父亲问了大家一个问题：你们认为自己一生中最重要的品格是什么？谁知道巴菲特和盖茨的答案出奇一致，都是"专注"。在巴菲特的传记中，作者对专注进行了进一步的阐释，认为这是一种特有的禀赋，是对于完美的追求，尤其是对专业上精益求精的追求。

专注，这也许是许多人取得成功的重要法宝。金一南教授曾经对我国开国大将粟裕作过分析，认为他灵魂里就是军人，胜利了，进城了，别人在繁华的大街上逛商店，粟裕却在思考这个街区的军事意义，比如如何攻占，某个要点如何防守，等等，这也是源于专注，在专业上孜孜以求，从来不会松懈。

对公司而言，专注可能意味着类似华为公司那样的"聚焦主航道"；而对个人而言，专注可能意味着对专业的精益求精。

扭转乾坤：靠的是专业

用专业解决问题

阿里巴巴集团的创始人曾在公开场合说，他最感谢的人之一是公司的 CFO 蔡崇信先生，并认为蔡先生是他见过的最好的 CFO。阿里巴巴 2014 年在美国上市时曾经拍过一部纪录片，其中明确公司发生变化是从蔡先生加入公司开始。1999 年，当时负责瑞典瑞银达集团亚洲投资业务的蔡先生，本来要和阿里巴巴洽谈投资项目，虽然谈判不成功，但蔡先生却决定加入阿里巴巴。此后蔡先生做了一系列的制度安排，比如聘请"国际四大"之一的普华永道作为公司的年审机构，为公司草拟规范的法律文件，并主导国际投资机构高盛、富达投资等入股，首轮投资 500 万美元的成功注入，让阿里巴巴成为一家真正的国际互联网公司。几个月后，阿里巴巴又获得了日本软银集团 2000 万美元的投资。正是由于蔡先生的努力和加持，阿里巴巴才开始了真正意义上的规范化运作。

很多人对蔡先生放弃国际知名机构的高薪工作，加入当时名不见经传的阿里巴巴感到困惑不解，但蔡先生给出了自己的答案："当你从零做起，也就是说，即使你只创造了几百万元的价值，你也会很有成就感。"这可能与阿里巴巴文化里的锐意进取的价值观有契合之处。1999 年，公司的创业资本金只有 50 万元人民币，如果没有好的商业模式和前景，公司随时可能倒下。当时负责人力资源的合伙人彭蕾后来回忆，阿里巴巴集团的创始人非常乐观，每次融资失败之后，回来说"我又拒绝了一位投资人"，后来才知道，他又被投资人拒绝了。蔡先生的加入，至少在一定程度上解决了融资问题，让公司做到"手中有粮，心中不慌"，这可能就是专业的力量吧。

领导要学会认可专业

2015 年 3 月，阿里巴巴集团的创始人在我国台湾座谈时声称，如果没有蔡先生，公司是不敢拿孙正义那 2000 万美元的，因为"他会管钱，而我不会管钱"。因此，阿里巴巴集团的创始人给年轻人的建议就是，如果你要创业，一定要找到比你聪明能干的人。你是领导，与部下比什么？就是比胸怀、比眼光、比抗击打能力。

当然，一家公司的成功，往往是团队的共同努力结果，而站在舞台上接受掌声的人，往往是 CEO 或一把手。阿里巴巴集团的创始人的成功并不在于专业很厉害，而是因为他作为精神领袖，身边聚集了一些非常专业的人才。蔡先生能够成为阿里巴巴集团的创始人最感谢的人之一，应该是对他专业的最大认可。

成功背后的原因

洛克菲勒的成功

洛克菲勒是美国石油大王，更是举世闻名的慈善家。

根据他留给儿子的信笺，洛克菲勒似乎并没有大学学历，在他离高中毕业还有 2 个月的时候，听从父亲的建议，花了 40 美元在当时的一家商业学院读了为期 3 个月的商科课程。他毕业后第一份工作，就是到休伊特·塔特尔公司担任簿记员。洛克菲勒最早的账簿可以追溯到他 16 岁时所记的账。从那份簿记员的工作开始，他就非常喜欢数字，而数字也极大地帮助了他——能够把复杂多样的系统得以简化成一个通用的标准。从这点上看，会计确实可以作为一种商业语言，甚至是一个标准，你懂了这个标准，就可以衡量、检验其他公司的经营状况。

此后的洛克菲勒辞职创业，在 1864 年投资了 4000 美元做起了炼油生意，1870 年创立标准石油公司，并在 1873 年美国陷入大萧条时期趁机扩张，收购了大量公司，最终以自己的胆识和冒险精神，获得了"石油大王"的称号。据说，在他的炼油厂里，提炼一加仑原油的成本被计算到一分钱的千分之一，会计上作为"低值易耗品"的包装物——汽油桶，也被严格管理起来，甚至连汽油桶上的每个塞子也会被重复利用。近乎严苛的成本控制，让公司的产品价格更有竞争力，因此当市场上汽油价格大跌时，洛克菲勒的工厂仍然有利可图。

洛克菲勒无疑是成功的，不仅成为美国第一位亿万富豪，而且也是世界公认的"石油大王"。巅峰时刻，他所在的公司垄断了全美 80% 的炼油工业以及 90% 的油管生意。在他看来，能够带给孩子一生幸福的并不是金钱，而是完整的人格、强大的内心、精神的富足以及良好的生活习性，因此他还把大量资金投入慈善事业，教育、医学、教会及穷人都是他资助的对象。洛克菲勒说，这些善举不是一时心血来潮的个人施舍，而是一项伟大的慈善事业，即通过自己的努力，让自己取得成功，在此基础上世界因其成功而变得更加美好。

战略引领：参与战略制定，推动战略落地

财务人员要培养领导力，其重点和发展方向应该体现在管理会计工具及方法的应用上，价值核算固然重要，价值创造更应受到关注。如何应用包括战略地图、价值链管理等在内的管理工具方法，在分析企业内外部环境的基础上，选择和制定适合企业的战略目标，并通过制度和程序确保企业高效率、高效益地实现战略目标，是财务人员重要的工作内容。

诸葛亮的"三分天下"战略

我国古典名著《三国演义》中，早在刘备投靠曹操时，就得到"今天下英雄，惟使君与操耳"的评语，以当时情境看，曹操并非一时心血来潮，而是在对袁术、袁绍、刘表、孙策、刘璋等一系列潜在竞争对手经过分析之后得出的结论。但从过程看，刘备却一直过得很狼狈，直到"三顾茅庐"请到诸葛亮之后，境况才有所改善，并最终实现"三足鼎立"的宏图。

当然，诸葛亮很年轻，刘备对他一无所知，是在司马徽、徐庶的一再推荐下，才知道了"卧龙"的威名。司马徽（称号"水镜先生"）曾和刘备有一段精彩的对话，大意是早就听说过刘备的大名，为何到现在还混得如此落魄。刘备很不好意思，把原因归结为"命途多蹇"。水镜先生不客气地指出症结之所在，"大概是因为你左右没有杰出的人才吧"。刘备很不服气，他麾下文有孙乾、糜竺、简雍之辈，武有关羽、张飞、赵云之流，这些都是人才。

　　水镜先生说："关、张、赵云，皆万人敌，惜无善用之人。"言下之意，武将还行，文臣就差远了，"伏龙、凤雏，两人得一，可安天下。"

　　闻名不如见面，诸葛亮真正令刘备佩服的，是"隆中对"中提出的战略，从董卓造反分析起天下大势，重点明确了曹操和孙权的优势，然后定下了"东联孙吴、北拒曹操"的策略方针，帮助刘备规划"跨有荆益""待天下有变"的竞争路径，先取荆州为家，后取西川建基业，以成鼎足之势，然后可图中原。这一蓝图绘就，刘备顿开茅塞。

　　有了战略分析、战略制定还不够，还得将战略落地。诸葛亮得到了刘备的支持，刘备甚至"以师礼待之"，但事业并不因此就一帆风顺，首先就是关羽、张飞两个人不开心："孔明年龄这么小，有什么真才实学？哥哥你对他太好了，不见得他有什么真才实干"显然，纸上谈兵、夸夸其谈的人不会受到待见，有本事带领大家打胜仗的人才会让人称服。好在曹操关键时刻提供了机会，派遣夏侯惇引兵十万杀奔新野，诸葛亮指挥若定，博望坡一战大获全胜，终于得到关张"孔明真英杰也"的评语。这说明，打胜仗很重要，而且不是打一次胜仗，能持续打胜仗才好。夏侯惇败了，曹操肯定会亲自带兵前来，把曹操打败，真正地执行"三分天下"的战略，在此过程中，诸葛亮的领导力得以逐步且充分地展现。可以说，诸葛亮依靠"隆中对"设定战略，说服刘备，靠"赤壁之战"建立了在关羽、张飞心中的权威地位，其影响力才得以真正建立。

洛克菲勒的成本领先战略

　　"石油大王"洛克菲勒最后能够建立自己的商业帝国，和其对战略极为重视离不开关系。洛克菲勒最早创业时的合伙人是克拉克，做的生意也不是石油，而是农产品贸易，到了 1865 年，两个人的合作关系结束，原因可能是两人对石油行业的发展前景看法不一致。后来经过公开拍卖，洛克菲勒取得了公司的控制权，并开始自主决定进军石油业的路线方针。

　　在 19 世纪 70 年代，石油行业处于发展初期，大家能做的就是原油净化，工艺简单且易于操作，利润也非常丰厚，于是竞争者蜂拥而入，不久投入市场的成品油就出现了供大于求的局面，随之而来的就是油价大跌，行业面临崩溃。已有资料显示，洛克菲勒采取了一系列的举措来挽救公司，比如扩展海外市场，不断地改进公司的炼制工艺，在严控成本的基础上降低售价以建立竞争优势，还充分利用了所有原料的副产品以增加收益。伴随着海外市场的扩张、炼制工艺水平的提升、产品质量的稳定等，公司需要投入更多的资金，需要吸收更加优秀的人才、引进更为先进的生产经验、投资建设更经济的输油管道系统等，而其中节约成本是其获得利润并建立竞争优势的重要前提。

洛克菲勒在全公司推广理性管理思想，从公司的最高机构到基层，每一项成本都得以准确地度量，计算结果甚至精确到小数点后几位。资料显示，他在视察纽约一家下属工厂时，观察了公司的一台机器给油桶焊接油盖的过程，于是随口询问一位驻厂专家一个问题："封一个油桶需要用几滴焊锡？"得到的回答是40滴。"试过用38滴吗？""没有。""那就试试用38滴焊几桶，然后告诉我结果，好吗？"

据说用38滴焊锡的油桶，有一部分会发生漏油，但是用39滴焊锡的油桶，则不会出现这种漏油的情况。通过实践之后，公司决定用39滴焊锡来封油桶，这也成为标准石油公司下属所有炼油厂实行的新标准。而实行这个标准后节省下来的看似不起眼的1滴焊锡，加总结果却很惊人，因为仅仅一年时间，就可以为公司节约成本25 000美元。

当然，一个公司的成功，离不开整个团队的努力。洛克菲勒强调，自己作为公司的带头人，并不会事事躬亲，实践中他会为跟随者设定清楚明确的方向或策略，但对如何实现目标，实现目标采取的具体行动计划则不会过于僵化。这就体现了原则性和灵活性的统一。他用一个极为生动的比喻来对此进行解释，比如目标是捕鱼，你可以选择钓鱼，也可以选择张网。

因此，对于领导而言，要考虑努力创造更多商业利益，需要拟定的是"战略"而非具体的"手段"。战略的本质是长期的、纵览大格局的，本质上具有弹性特征，这一点值得财务人员仔细体会。我们要创造价值，最终可能会选择一些指标来度量价值，比如公司的业务增长率、利润增加率、现金流等，但真正的战略却并不是一个可以衡量的目标，而只是提供一个公司在未来的发展大方向，这些指标也许仅仅是度量战略的一种方式，但不是组织成功的唯一方式。

赋能业务：有效防范风险，提供业务支持

对财务人员而言，控制风险是基本工作，对风险应该有准确的把握，"在合规的基础上多打粮食"，帮助所在组织获得胜利，是财务人员应重点关注的一个方向。

按照发起组织委员会 2017 年的风险管理框架，战略、风险、绩效是整合协同的一体。目标一定，风险就定，相关的应对策略和控制措施也就能确定了。对财务人员而言，积极参与目标制定，并在此过程中精准识别、量化评估并有效应对风险，帮助组织高效地配置资源，领导力自然显现。

获胜是目标

1940 年，丘吉尔成为英国的新一任首相，而当时的希特勒已经控制了欧洲的很多领土，英国何去何从成为一个艰难抉择。在丘吉尔担任首相后的第一次演讲中，他就明确："我们的政策就是用我们的全部力量，在海上、陆地和空中进行战争……我们的目标是什么，我可以用一个词来回答：胜利——不惜一切代价，去赢得胜利！"为了达成胜利，他寻求与当时的苏联结盟，还通过和美国总统罗斯福建立良好的私人关系来推动两国并肩作战的伙伴关系。

对一家公司而言，生存、发展、营利、做大做强做优可能是不同阶段的目标，从战略角度看，可以通过内涵式发展，也可以通过外延式扩张实现。当组织确定了明确的目标，CFO 就要想办法调配资源，并将资源与市场机会有效地结合起来，帮助组织实现高质量发展目标。比如新东方决定赴美上市，谢东萤就运用自己的专业知识和国际资本运作经验帮助公司实

现这一目标；TCL 决定并购汤姆逊和阿尔卡特，黄旭斌就需要提醒潜在的资金风险；华为进行海外扩张，集团 CFO 就需要建立集成财务系统来实现在线、实时、动态的风险管控目标。

洛克菲勒的风险意识

一家公司，战略既定，接下来就要运营、管理，而按照洛克菲勒的理解，战略只是提供一个方向，在实现战略的过程中，面临着大量的风险。洛克菲勒当初决定大举投资石油行业，需要大量的资金，资金既可以来自股权融资，也可以来自银行借款，尤其是需要对行业进行整合时，需要大量资金来购买那些产能过剩的炼油厂。

实践中，洛克菲勒采用了组建股份公司的做法，努力把行业外的投资者也拉进来，实现分散风险并在短期内筹集大量资金的目的。他在 1870 年注册标准石油公司时，注册资本为 100 万美元，到了 1871 年下半年，开始购买克利夫兰一些比较重要的炼油厂，等到了 1874 年注册资本就达到了 350 万美元。但标准石油公司需要建设输油管道，需要投资铁路系统上使用的油槽车，还需要花费巨资来投资建设新工厂，采用最先进、最高效的制造工艺，购置新设施、建造油罐汽船和拖罐车等，仅仅靠股权融资并不能完全满足巨额的资金需求。

于是洛克菲勒把公司抵押出去以换取银行资金，在他看来，这同样是高风险的举措，因为抵押出去的不仅是他辛苦创立的基业，还有他个人所积累起来的声誉和诚信。放杠杆也是一种管理艺术，经济发展好，公司经营得当，当然能够赚钱，但糟糕的情况下就会导致巨额亏损、资金链断裂、财务失去弹性。想赚钱是一回事，能赚到钱则是另外一回事，放杠杆的人需要有数字的敏锐性，对金钱的管理和运用有独特的信念和体验。洛克菲勒在商业实践中，非常善于在竞争的态势下，选择与他人甚至是竞争对手形成合作关系，以减轻风险并取得胜利。

财务的领导力来自一线

华为公司社区中曾经有一篇文章，讲述了公司在印度市场的项目实践。从业务流程上看，公司早在 2007 年就已经开展了集成财务系统（IFS）的建设，但就某个具体项目而言，在投标阶段财务的参与并不多。要成为业务伙伴及价值整合者，财务人员就需要面向业务，以所谓的"作战"需求为中心，为业务提供财务的集成解决方案，而且还要面向客户，构建从机会线索到机会变现的端到端全流程解决方案，以真正帮助业务部门取得商业上的成功。但这种能力并不能一蹴而就，而是通过实践形成，并通过总结、标准化进而强化而实现的。

以公司在印度市场的某项目为例，投标阶段的重要工作之一是报价，公司有相应的标准和授权规定，给出一个经过商务测算的报价，也许并不难，但问题是，项目组无法对整个项目的所有成本，尤其是交付成本进行测算，因此也就不能对项目实施过程中的成本如何进行控制给出参考答案。项目组经过多轮的开会研讨、决策，最后拿出一套工程量清单（bill of quantity，BOQ），把项目定了下来，但对这个项目最终到底是赚还是亏、盈亏多少，其实心里并没有底。而当初之所以在印度决定做这个项目，根本原因可能是出于"战略"而非"财务"的考量，即这个项目对华为在印度市场的地位有着重要的意义。

这时候，财务人员开始意识到参与项目的重要性，项目亏了，应该知道亏在哪里，从中吸取教训，避免不该犯的错误。于是财务人员找到了负责产品的副总裁，谈到了许多项目进行被动核算的不合理之处，提议在拿项目的时候应该做概算，对项目到底是否赚钱做到心中有数。这个想法得到了副总裁的首肯，于是华为公司开始在印度市场进行试点，尝试着做项目的全成本概算。通过摸索，项目组开始尝试建立成本的基线，怎么对项目进行成本概算，并推而广之形成一套方法论。通过几个项目的摸索和实践，这一方法得到大家的认可，即在准备投标阶段，代表处就会邀请财务部门的同事一起参加会议，请他们基于概算，联系定价中心核算成本，然后再发给代表作为竞标的参考。随着概算的成功实践，这一方法成为一种例行的安排，财务人员也从"核算"的后端走向了"项目招投标"的前端，价值也得到了业务人员的认可。

将目标与风险整合起来

在华为公司，核算既要满足业务管理的需要，还需要在预算的闭环管理、绩效评估的支撑以及有效授权方面发挥重要作用。按照华为某海外员工的说法，核算还起到提示风险的作用，比如：存在低价竞争现象可能导致公司的发展扩张不可持续；某些产品和服务依赖于新兴市场，但这些新兴市场本身可能存在很大的风险；公司强调"以客户为中心"，这可能导致形成激进的销售策略，虽然有助于公司销售业务的扩张，但对于财务来说则存在一定的信用风险。

当然，风险和目标挂钩，目标一定，风险就定；风险一定，相应的控制政策和程序也就确定了。对华为公司而言，业务主管是内部控制的主要责任人，但他们可能对风险的意识并不强，精力也更多放在冲锋陷阵上，所以有必要给业务主管派一个助手。这个助手就可以在遵循公司内部控制的基础上，帮助业务主管建立起内控管理系统，并提供相应的指导，赋能业务健康发展，并监督制度的有效落地及持续改进。当业务主管没有后顾之忧，又可以放心地进行冲锋陷阵时，助手的价值和影响力也就随之体现了。

有志于打造财务领导力的个人，可以考虑学习洛克菲勒将战略落地的魄力和信心，也可以学习如何建立起与业务主管亲密的伙伴关系。

关系管理：君子和而不同，做到为而不争

和而不同是领导力修炼的有效途径

美国麻省理工学院的教授彼得·圣吉（Peter Sange）认为，围绕"自我""他人""系统"这3个核心领域进行深度的领导力修炼是非常有效的，而后两项与人际关系紧密相关。我国的教育家孔子早就提出了"君子

和而不同"的基本理念，认为君子应该保持思想独立。这也成为很多人处世的基本原则，即一个有道德、有修养的君子，在为人处世方面，既有自己的原则和底线，不会人云亦云，也能够在碰到与自己有不同意见的情形时，尊重他人的想法。明朝的张居正则认为"公则为和，私则为同"，并建议领导在选择人才时，谨慎分辨。

清朝"中兴第一名臣"曾国藩，有一个亦师亦友的同僚左宗棠，当天京攻陷之后，左宗棠曾上奏折弹劾他，原因是幼天王跑了，也因此两人之间生怨，长期不通音信。但在公事上，曾国藩对左宗棠的事业却一如既往地支持，不仅为左宗棠推荐了得力的干将刘松山，而且在左宗棠初任陕甘总督、缺饷严重的情况下，尽力为左宗棠供应粮饷。后来曾国藩在临终之前告知自己的学生李鸿章，左宗棠是天下一等一的豪杰。李鸿章很奇怪，老师这么多年与左宗棠不通音信，怎么会称赞他？曾国藩坦言：我和他之间的矛盾都是因公而非因私。从这点上看，曾国藩一直践行"君子和而不同"的理念。

建立自身影响力是责任

领导力本质上是一种影响力，是在人与人的交往中自然而然形成的一种软实力。作为一名书生，曾国藩被清政府封为一等毅勇侯，甚至被赞为"中兴以来，一人而已"。能取得这样的成就当然原因很多，但他本身的"公诚之心"无疑占据了重要位置。作为书生，在治军行政的过程中，他非常注重脚踏实地。一方面，他在日常生活中以大禹、墨子的勤俭来要求自己，另外一方面，在精神上则追求老子、庄子的静虚之道。因此，很多人认为曾国藩在修己和治人两方面都很成功。

在自己的日记中，曾国藩记载了对"带兵之道"的论点，他认为需要做到廉、明、勤三个字，而且缺一不可。廉，可以视为廉洁奉公，这要求在钱财上做到一丝不苟，从而让兵、勇佩服；明，则是指有辨别是非的能力，能够做到赏罚公平；勤，就是要让自己的队伍有很好的作风和面貌，下面的人不敢懒惰，军容军纪自然不会废弛。在曾国藩看来，"明"比较难做到，"廉"和"勤"则勉强可以做得到。

显然，曾国藩在谈带兵之道时，并没有说他如何管理别人，更多的是说领导者如何提升自己的品格。作为 CFO，往往需要与 CEO、董事会成员、投资者、业务部门负责人等诸多利益相关者打交道，我们可能很难做到事事都尽如人意，但做好自己则是可以追求的，尤其可以在廉、勤上下些功夫，在"己欲立而立人，己欲达而达人"方面多努力。对待自己的团队成员要像对待子弟一样，希望他们能够取得进步和更好地发展，希望他们能够早日独当一面；对待业务部门要以合规为基础、绩效为方向，努力帮助对方取得成就，相信这样做，我们自然而然会逐步建立一定的影响力。

与此同时，CFO 是管理层的重要一员，责任非常重大，在会计信息质量、财经纪律约束、经济业务管理方面不能含糊。2023 年 2 月，中共中央办公厅、国务院办公厅印发了《关于进一步加强财会监督工作的意见》，其中明确要求"财会人员要加强自我约束，遵守职业道德，拒绝办理或按照职权纠正违反法律法规规定的财会事项，有权检举单位或个人的违法违规行为"，体现了对财会人员的责任要求。如前所述，勤、廉相对来说可能容易一点，明则需要下更多的功夫。CFO 应该努力做到凡事多探索研究，多看、多问、多想，多向他人学习，然后渐渐做到"明"的要求。通过在"勤"上下功夫，做到"明"，尤其是做到责任明确，知道什么该做什么不该做，在面临重大决策的时候，可以做到英明决断，从而帮助他人走正道、成大事。

领导要敢想敢干

苏轼曾经在《留侯论》中阐述自己对"勇"的观点，认为"天下有大勇者，卒然临之而不惊，无故加之而不怒，此其所挟持者甚大，而其志甚远也"。这对于做领导的有很大的启示作用。

《史记·留侯世家》记载，张良年轻的时候曾经刺杀过秦始皇，后来隐姓埋名于下邳。某日散步至下邳圯上，碰到了一位穿着褐衣的老人。两人碰面的时候，老人直接把鞋子扔到圯桥下，然后看着张良说："孩子，下去把我的鞋子拿上来。"张良觉得很奇怪，本来想揍他一顿，但考虑到对方是个老人，于是勉强忍住，走到桥下把鞋子拿上来。老人说："帮我穿上。"张良考虑到已经帮对方下桥取了鞋子，不如好人做到底，因此跪在地上给老人把鞋子穿上。

老人穿上鞋子后，大笑而去。张良很吃惊，眼睁睁看着对方走远。结果老先生没走多远，又返了回来，说了一句："孺子可教也。"他还要求张良五日后天亮时分，到此处再相见。张良虽然奇怪，但仍然礼数周到地同意了。五日后，张良在天亮时分赶到会面地点，但老人已经提前到达，看到张良来晚了，老人很生气："你怎么这么晚？回去，五日后早点到。"

五日后，张良鸡叫时分就前往会面地点，结果还是比老人晚到。于是老人再次说道："五日后过来，早点到！"又过了五日，张良半夜就出发了，到碰面地点后等了一会儿，老人才到。这时候老人很开心，于是把《太公兵法》传授给了张良。

张良刺杀过秦始皇，但苏轼认为，这只是小勇。在《留侯论》中，苏轼明确指出，张良是一个盖世奇才，但他没有想着成为伊尹、姜子牙这样的人，而是想着做荆轲、聂政这样的杀手，这是让黄石老人深深惋惜的。老人认为张良的能力是没有问题的，但担心张良的度量还不够，于是就通过让张良捡鞋子、一次次让其早到，来挫一挫他的锐气。只有张良能够忍人所不能忍，那么将来才有机会成就大事。

由此可以看出，做大事者不拘小节，在大志的指引下人们才有机会坚守到成功。《中庸》中说："博学之，审问之，慎思之，明辨之，笃行之。"其中思是行的前提，领导需要敢想敢干，这个"敢"可以催生出一些创新之举，甚至赢取竞争优势。比如在电视剧《乔家大院》中讲述了东家乔致庸创新的故事。乔致庸通过和小伙计马荀的倾心交流，知道了"身股"是留住人才的一个非常好的手段，于是在和智囊孙茂才讨论后，决定在店规中增加一条，以后伙计学徒期满之后，都可以拿到一份身股。

这引起了掌柜们的反对，很重要的一个原因就是在晋商的历史上就没有这样做的先例，再说给了伙计身股，将来掌柜和伙计不好相处。不过，乔致庸很笃定，在他看来，凡事都有第一个尝试的人，关键看这么做有没有道理。对于乔家的生意而言，最重要的资源就是人，如果能够把马荀这样能干的伙计留下来，给一份身股根本不算什么；至于说给了伙计身股，将来掌柜和伙计不好相处，那么可以修改店规，即使有了身股，掌柜的还是掌柜的，如果说伙计犯了错，掌柜的仍然可以把伙计赶出去。于是大家一起鼓掌，新的制度就生效了。

显然，乔致庸属于敢想敢干的一种人，也正因如此，他才能涉足票号生意，实现了"汇通天下"的目标。2023 年 1 月，财政部发布了《会计人员职业道德规范》，其中明确规定，会计人员要"坚持学习，守正创新"。一方面，通过学习可以提升专业技能，另一方面还需要适应新形势、新要求，与时俱进，开拓创新。

品格塑造的路径

站在领导力的角度，我们通常看到的是领导如何成功，往往忽略了领导为什么成功。从本质上说，领导之所以成功，是因为能力和品格有过人之处，会带队伍往往被视为一种能力，队伍愿意跟随你，往往与你的品格密切相关。因此，打造财务领导力的过程中，应该同时提升能力和品格，并应该努力把品格放在优先地位。

你是诸葛亮，会选择跟随谁

有两本书受到广泛的关注，一是记录历史的《三国志》，二是体现作者喜好甚至价值取向的《三国演义》。

我曾经和同事汤老师专门就这两本书中的一些情节进行了探讨，比如我提出了一个场景，如果你是诸葛亮，是选择跟随刘备，还是选择跟随曹操？汤老师选择的是跟随刘备，他给出的原因很多，其中一个基本原因是曹操手下人才辈出，如果选择曹操，诸葛亮不见得能够得到重用；而跟随刘备，既可得到他"三顾茅庐"的诚意，也有能大显身手的机会。

在此基础上，我们可以进一步思考，刘备靠什么吸引了诸葛亮这样的人才？在大家所理解的三国世界中，为什么民间普遍存在着"褒刘贬曹"的现象？一个很重要的原因可能是品格，也就是说，刘备的"仁德"超越了曹操的"奸诈"。

刘备的仁德

从领导力的角度看，也有很多对刘备的批评之声，比如"刘备借荆州，有借无还""刘备掼阿斗，假买人心"等，但从曹操"今天下英雄，惟使君与操耳"的评价，以及关公千里走单骑、诸葛亮的"鞠躬尽瘁，死而后已"等故事看，刘备确实有很强的获取人心的能力。在老版的《三国演义》电视剧里，给人留下深刻印象的就是曹操的"笑"和刘备的"哭"，如果我们把"笑"视为乐观，那么"哭"就是感情的外在表现，也就是说刘备是个情感丰富的人，也善于用情感来影响、感化他人，比一般的领导表现出了更为人性化的一面。

有评论认为，刘备在为人处世方面，非常关心人，而不会把工作放在第一位。举两个小例子，在新野之战中，刘备仓皇败退，与赵云等人失散；此时的赵云未经通报就去寻找甘、糜两位夫人和阿斗的下落，而糜芳则误解赵云，向刘备说赵云投奔曹操了，刘备却非常坚定地说赵云不是那样的人，不要怀疑他，原话是"子龙是吾故交，安肯反乎？"连张飞也表示怀疑："他今见我等势穷力尽，或者反投曹操，以图富贵耳！"但刘备却坚信赵云的人品，"子龙从我于患难，心如铁石，非富贵所能动摇也"。这种对他人的信任，也许正是刘备的魅力所在，再加上赵云将阿斗交回刘备手中时，刘备首先并不是关心自己的儿子，而是接过之后掷之于地，说的是"为汝这孺子，几损我一员大将！"这也难怪赵云愿意忠心追随了。

再比如当初刘、关、张失散，关羽暂居曹操阵营，刘备跟了袁绍，而张飞则落草为寇。此时的关羽"在其位谋其政"，将袁绍麾下大将文丑斩落马下，袁绍大怒，认为关羽已经归顺曹操，一心为曹操卖命，且是刘备故意让自己的兄弟关羽斩杀自己的大将。但刘备坚信关羽不会真心归顺曹操，并说服袁绍，让自己"令一心腹人持密书去见云长，使知刘备消息，彼（关羽）必星夜来到，辅佐明公，共诛曹操"。显然，刘备对关羽毫无保留地信任，认为关羽绝对不会有二心。这种信任是非常难得的，不是靠合同、誓约来约束的，而是平日养成的彼此之间的默契，后来得到消息的关羽果然离开曹操来找刘备。

我们能够看到，或者从其行为中感受到刘备的仁德，站在领导力的角度，在培养品格方面可以刘备为学习的榜样，并努力做到在日常工作中面临类似场景时，作出恰当的抉择。

树立榜样

钱穆先生曾讲过一个故事。有一位美国将军在退休后住在纽约附近，孑然一身，而且性格比较乖僻。因为受不了他的谩骂，家里的佣人大都中途离去。

在这些人中，有一位华工名叫丁龙。他也因为受不了将军的谩骂，而选择离去，但这个将军的家中后来发生火灾时，丁龙获悉后，反而自行前来提供帮助。他告诉将军说："孔子教别人忠恕之道，现在将军遭受了苦难，一个人独居比较难以自理，因此我特地过来提供帮助。"

将军听了这句话后非常惊讶，回答道："不知道您居然是读圣贤书之人。"

丁龙诚实地回答："我不识字，也不能读书，是小时候父亲告诉我这些道理的。"

将军说："你的父亲能够读圣贤书，也是非常了不起的。"

丁龙回答："我的父亲也不识字，同样也不能读书，他是从我的祖父、曾祖父那里听来的。其实祖父、曾祖父也不识字、不读书，同样也是从他们的长辈那里知晓的。"

将军听到这些后非常赞许，并和丁龙成了朋友。

几年后，丁龙生了重病。他告知将军："这些年来得到将军的很多资助，因此衣食居住都能得以保障。现在我生病不起，将军以前给的薪酬，我都存下来了。在美国当地，我没有深交的朋友，我愿意将这些资金返还给将军，就算是报答您多年来的照顾之情。"

随后不久，丁龙过世，于是这位将军就将丁龙的积蓄，再加上自己的巨款，捐赠给了纽约哥伦比亚大学，设立一个讲座，专门研究中国文化。1960 年，钱穆先生在美国知道了丁龙的事情，在他看来，丁龙得到了孔子的真传。

在很多中国人的心目中，孔子是一位圣人。然而，孔子自己则明确表示自己只是"学而不厌，诲人不倦"。学而不厌，可做到"智"；诲人不倦，则近乎"仁"。这也许是孔子能够成为榜样的重要原因。

对于 CFO 而言，品格的养成尤为重要。在美国，安然、世通等财务丑闻发生后，监管部门开始强调对职业道德守则的遵守。写在纸上、挂在墙上的职业道德守则虽然可以读懂，但能够做到像丁龙这样去真正践行的，显然比较难一些。对于 CFO 而言，一方面要率先垂范，以身作则，努力做到严于律己、宽以待人；另一方面，也须树立一些榜样，模拟一些场景，让团队成员在面临道德选择时有迹可循。

培养品格的工具——内部计分卡

美国的股神巴菲特曾经提出一个名为"内部计分卡"的工具，我个人认为可以用其作领导力品格的培养工具。作为哥伦比亚商学院毕业的学生，巴菲特学习了他的老师格雷厄姆（Graham）的一个行为，即每年会与大学生进行座谈，分享自己的人生感悟。某次交流中，一位学生提问："您认为一个人最重要的品质是什么？"巴菲特并没有直接给出正面的回答，而是问：如果给你一个买进你某位同学的 10% 余生的权利，直至他生命结束，你愿意买进哪位同学余生的 10%？

每个人的答案可能不一样。但不管你选择哪位同学，下一个问题会随之而来，即为什么你会选择这位同学？是因为他最聪明？最富有？最精力充沛？最帅气或漂亮？经过仔细思考之后，你所选择的这位同学，可能在价值观方面最能得到你的认同，他也可能是你认为最具领导才能的人，能帮助他人成功、帮他人得到利益的人，是一个具有慷慨、仁慈、诚实品格的人。

你可以在一张纸上画一个简单的表格，把你认为好的品格写在表格的左边。换一个问题继续思考：如果给你一个机会，让你卖出某个同学余生的10%，你会选择谁？为什么？答案同样可能五花八门。选择那个人，原因可能是那个人好吃懒做，喜欢撒谎不诚实、爱吃独食、爱贪便宜等。你可以把你不认同甚至厌恶的品格，写在表格的右边。

这时候，好坏两种品格都在内部计分卡上被展示出来，左边可能是诚实、善良、慷慨、乐于助人等，右边则是谎话连篇、诡计多端、背后说坏话、过河拆桥等。对于领导力的培养而言，左边属于好的品格，也是在日常行为中真正能够发挥作用的品格；而右边则是应该或可以更改的品格。

如果说你的心中有了这张内部计分卡，时时提醒自己努力拥有左边的品格、摈弃右边的品格，慢慢地，你会成为自己想成为的样子。经过日积月累的努力，习惯成自然，在面对一些两难选择或道德困境时，好的品格会帮你作出正确的选择。

仁者爱人

在《论语·乡党》中，谈及了一个小细节，"厩焚。子退朝，曰：'伤人乎？'不问马"。这可能就是孔子面对马厩着火时的一种自然而然的反应，家里面的马棚着火了，孔子获悉之后的第一反应不是问马而是问人。按照朱熹和张居正等人的解读，并不是夫子不爱马，而是更关心人。担心火会伤害到人，这种行为背后体现了孔子爱人之真心。换句话说，品格是长期形成的过程，会在特定场景下自然而然地体现出来，类似于长期体育训练之后肌肉的自然反应。

人应效法天地，归位而不越位

受到老子思想影响的一代商圣范蠡，做到了功成名遂身退，并有"持满者与天，定倾者与人，节事者以地。卑辞厚礼以遗之，不许，而身与之市"的名言存世，这是劝谏勾践时所说的一段话，其含义就是"顺其自然"的意思。天道盈而不溢，所以在顺境时不要骄傲自满，与天同道；人道崇尚谦卑，所以逆境时能够挽大厦之将倾；地道能够使万物成长而不自恃，所以人应该节俭来效法地道。当时的勾践被困会稽山，范蠡建议他破财消灾，放低姿态求和，如果不行，就以身交换，就好比商人通过交换货物赚钱一样。

"路遥知马力，日久见人心"，做一件好事容易，做一辈子好事不容易。《中庸》说："致中和，天地位焉，万物育焉。"天地能够各归其位，万物自然也就得到生长和发育。人应该效法天地，归位而不越位。同样，领导者应该思考自己的位置，履职尽责、率先垂范、以身作则。在一个组织中，如果说领导者、员工能够做到各司其职，每件事能够按照既定的规律、规则和制度有序处理，那么组织自然会蓬勃健康发展。

5

培训模块二：激励他人努力

扫码即可观看
本章微视频课程

▶ "铁榔头"与她执教的女排

1978 年，时年 18 岁的郎平入选了中国女排国家队，3 年后，她和国家队队友们一起，为中国赢得了第一个世界冠军，并成为女排创纪录的"五连冠"重要参与者，郎平也成为中国女排的一个符号。

2013 年，郎平第二次竞选中国女排国家队教练，并明确了一年时间完成选材、到 2014 年年底在亚洲取得领先优势、2015 年力争冲出世界二流集团、2016 年奥运会力争突破的基本目标。

表 5-1 列示了郎平担任国家队主教练之后的部分战绩。2013 年郎平就任中国女排主教练，当年 9 月的亚洲女排锦标赛上，中国女排仅获得第四名的成绩；但此后女排队伍一步一个脚印，先后将此前输过的对手一个一个赢了个遍，在几乎所有的重大比赛中都取得了很好的成绩，也顺利实现了自己的目标。

表 5-1 郎平执教下的中国女排部分成绩一览

时间	比赛	获奖
2013 年	亚洲女排锦标赛	第四名
2014 年	世界女排锦标赛	亚军
2015 年	亚洲女排锦标赛	冠军
	世界杯	冠军
2016 年	奥运会	冠军

与做运动员不同，教练需要打造自己的团队，这与领导力的要求不谋而合，即不仅自己优秀，还要带领团队取得优异成绩，尤其是在困难的情

况下如何激励和引导团队，是领导者需要考虑的重要问题。郎平的经历，不仅体现了她个人从运动员到教练的顺利转型，也给有志于培育领导力的财务人员提供了很好的启示与借鉴意义。

激励与点燃

领导力的影响往往体现在团队的战斗力上，因此做好自己只是培养领导力的第一个阶段，如何领导他人、帮助他人成功是 CFO 需要考虑的重要内容。

领导力开发专家斯努克在课程分享中曾经提及，教授们往往指导学员如何去提升获取知识的能力和技能，但知识和技能很容易遗忘。将"所知"转化为"所行"，将今天学到的知识、技能付诸实践，可能是领导力培育的要点所在。斯努克认为应更加关注"成为"（to be），即成为你自己，培养你自己的性格、你个人所认同的价值观及世界观。对于一个优秀的 CFO 而言，就要考虑如何去激励团队成员成为自己期望的样子，比如拓宽团队成员的视野去从事伟大的事业，这是领导力培育的要点所在。

打造团队

与球队管理不同，CFO可能无法实时调整自己的队伍；与球队管理相似的是，CFO需要量才适用，针对不同的对手给出让队伍获胜的方案。对于CFO而言，不管带领的部门名称叫什么，也不管自己及所在部门的定位怎样，赋能业务、创造价值都是一个重要的目标。在此过程中，CFO除了个人要取得成功，还应该考虑如何帮助自己的部门乃至整个组织都取得成功，用部下的成功来衡量领导者的成功，应该成为一个基本的原则。

谢东莹加入新东方之后，对财务团队进行了调整和训练。因为作为财务团队的带头人，他不会自己去做具体的记账、报税、编报表等工作，要符合上市的要求，就必须组建一支有战斗力的财务团队。于是，公司启动了新的财务人才招聘工作，并吸引了一批具有国际视野的财务人才。这些新生力量，在帮助新东方上市、规范财务流程及数据管理等方面发挥了重要作用。显然，CFO不是一个孤胆英雄，而是要将团队形成战斗力，要组建和培育一支强大的队伍，并有可以随时接替自己的人手来带领团队持续打胜仗。

全营一杆枪：团结一致向前看

打造优秀的团队

军旅题材的电视剧《绝密543》，讲述了我国建国初期组建空军地空导弹部队，开展对敌作战的故事。主人公肖占武作为一名优秀军人，与一批来自四面八方的众多军人组成了代号"543"的神秘队伍，并在此后的作战中先后多次打落敌方飞机。其中"全营一杆枪"的战斗精神在剧中得以充分展示，尤其是在第三次打飞机时，因为敌方非常狡猾，很多次作战都被对方逃脱，"肖占武所在的二营，根据战场的数据，模拟计算出敌机距离 38 公里，雷达开机并在 8 秒内用导弹锁定敌机，敌机将无法逃脱的结论，并通过全营多次的模拟实践和操练，以优化整个作战流程，最终顺利实现了'38 公里、8 秒'的雷达开机距离及导弹反应时间，成功击落了 U2 飞机"。更为重要的是，当此次敌方飞机侵袭时，肖占武本人因为开会、途中汽车爆胎未能在现场指挥作战，但团队成员却创下了 6 秒打下敌方飞机的纪录。肖占武本人因为不在现场倍感失落，但他的两位领导都表达了类似的意思，即团队的成功比肖占武的个人成功更值得赞赏。直属领导坦言，他原本认为二营能够连续克敌制胜，是因为有肖占武这位大能人，但此次事件反映出，肖占武已经把二营调教成了一个"人人都是精兵强将"的组织。一号首长的观点更明确："肖占武是大能人啊，你看把这个营调教的，他不在位都能把敌机打下来，这比他亲自打下十架 U2，更让我高兴！"显然，领导者自己厉害还不够，要把下属带出来，每个成员都优秀，那才是真的厉害。好的领导者能够打造一个能打胜仗的团队，即使自己不在，团队仍然有能力打胜仗。

我们能够看到郎平所带领的女排取得了优异成绩，肖占武所调教的二营在他不在位的背景下打下了敌机，但我们对郎平、肖占武如何培养自己领导力的过程却无从得知。以郎平为例，她所获的"铁榔头"之名与她的刻苦训练密不可分，但那种永不放弃、努力拼搏的精神，则可能是她年轻时从袁伟民所带领的女排团队中继承而来的，也可能是郎平通过自己的亲身实践培养出来的。女排能够持续地创造辉煌，那么就一定有一些规律性的方法，通过总结、提炼，就可能加以复制，在领导力的培训中发挥作用的方法。

与此类似，曾国藩作为一位书生，能够组建湘军，同样具有值得思考和总结的规律。比如通过劝捐、征收厘金等筹集资金；通过厚饷来吸引优秀人才；每月的逢三、逢八训话，对团队的成员进行教育；对做得好的人员不仅发放可观的奖金，还通过上奏朝廷给予职位的提升；对做得不好的人员则当面批评，明确指出不足。显然，这些做法同样值得 CFO 学习借鉴，比如给团队成员建立愿景，给团队成员提供优厚待遇，让能人在合规的基础上多打粮食，提供机会和平台，锻炼下属的实践能力，当然还需要关爱下属，让团队有归属感和认同感。

最重要的是，曾国藩时常反省自己。比如在咸丰四年湘军收复武汉，他保举了三百人，受到奖励的人数仅占到出征队伍人数的 3%；而后来胡林翼攻占武汉时，一次保举的人数居然超过三千人，占出征队伍人数的 30% 左右，其直接后果是，一些有能力的人离开了曾国藩而去投靠胡林翼。于是在咸丰七年末曾国藩复出之后"一变前志"，开始大力保举下属。据说在他多年的带兵生涯中，得到保举的武职人员超过十万人，而文职人员中有近三十人成为督、抚一级的大员，道、府、州、县的官员数不胜数。

努力做好自己，尽力帮助他人

曾任教于美国斯坦福大学商学院的著名学者吉姆·柯林斯（Jim Collins）多次被西点军校邀请，参与研讨领导的本质、如何培养领导者、如何使优秀的领导者成为卓越的领导者等课题。他曾经分享了一个自己观察到的事实，即某天他看到了一群学员正在帮助其他学员，试图通过被大家称为"最艰难"考验的测试项目——室内越障测试。这项测试由十一个关卡所组成，要通过需要消耗很大的体力，且通过测试还需要高超的运动技巧。根据标准，男生合格通过测试的时间是 3 分 30 秒。

显然，通过测试并非易事，很多学员对这项测试心生畏惧，好在一些成功通过测试的学员，会花时间来帮助那些通过困难的同学。吉姆坦言，如果他能够改变过去的做事方式，一定会加上一项：当自己在努力成功时，应该帮助他人。

对于领导力培养而言，CFO 可以借鉴的，就是类似于作为教练的角色，帮助团队成员建立信任、追求卓越；同时要借鉴吉姆的感悟，即在追求个人成功的过程中，努力帮助他人。在此背景下，CFO 需要致力于开发其下属的技术及领导力技能，努力推动团队成员的成功，包括使团队成员得到高度的尊重，并被董事会、管理层、业务部门、投资者等认同。

心中有别人

我的一位校友曾经分享了她对财务领导力的感悟及做法。在她看来，财务团队不仅要具有专业性，更重要的是要具备领导艺术；员工在单位里不仅从事工作，更重要的是得到成长。于是她结合自己的工作经历及经验，给部门人员制订了完备的学习和培训计划，建立了相应的微信群来共享学习资料，这些资料涉及绩效考核、销售返利确认（与她所在的公司业务紧密相关）、资金管控等各个方面。

除此之外，她在日常生活中还非常注重他人的利益，并通过零星小事展现出了关爱他人的品格。有次她去其他单位开会，第二天需要赶早班飞机，于是预定了早餐。当早上六点多从酒店出发时，顺手给对方单位负责送机的司机也准备了一份早餐。据说这位司机感动不已。这可能就是领导者的魅力所在，领导者不仅自己优秀，还要想着让团队的人也变得和自己一样优秀；领导者在物质上得到满足的同时，也在想着让同行的人分享到同样的待遇。心中有别人，是这位校友给我留下深刻印象的原因所在。

领导力专家斯努克曾经在课堂上分享了一场篮球比赛，据说该场比赛还剩下 2.1 秒，而一方队伍仍处于落后的状态，此时教练叫了暂停，抓住每个队员的衣领，告诉大家，我们会赢得比赛。结果队员们纷纷振奋起来，最终居然赢得了比赛。斯科特认为，关键是激励，当然不同的领导者在不同的场景下，可能会选择完全不同的策略。帮助团队获胜，功成不必在我，这也许是郎平教练或肖占武为领导力做的最佳诠释。

一个都不少：兄弟义气与现代治理

治理与文化

《三国演义》讲述了魏、蜀、吴三分天下的故事。不可否认的是，三国中，实力最为强大的是魏。曹操一步步发展壮大，尤其是以弱胜强的官渡之战，奠定了北方统一的大局，这离不开他的治理和文化建设。

官渡之战，曹操以 7 万人马对袁绍 70 万人马，最终却是曹操取得了胜利。史学家研究的结论之一是曹操队伍越打越多，袁绍手下的诸多谋士和将领最后都成了曹操阵营的成员。诸葛亮的看法是："曹操势不及袁绍，而竟能克绍者，非惟天时，抑亦人谋也。"

再看战前的分析。在曹操和袁绍正式开战之前，曹操对袁绍的分析是"色厉胆薄，好谋无断"；郭嘉直接从道、义、治、度、德等十个方面分析比较了袁绍与曹操的异同，进而得出曹操必将获胜的结论。

郭嘉认为，在汉末大环境下，朝廷的政令过宽，而袁绍"以宽济宽"，所以无法很好地治理朝廷，而曹操则"纠之以猛而上下知制"，即他能够针对朝廷政治的缺点给出有效的解决方案，等于下猛药治病，于是上下人等都知道应该恪守什么样的制度。

事实上，郭嘉原来是袁绍的手下，是在荀彧的推荐下成为曹操的谋士的，而荀彧原来也是袁绍的谋士。《魏书》记载，刘备也主动投奔曹操，并在他的推荐下成了豫州牧，有了一席之地。从某种意义上说，曹操践行了郭嘉的理念——"提剑起义兵，为百姓除暴，推诚仗信以招俊杰"。

曹操手下猛将如云，总是有人可用，多是因为他"至心待人，推诚而行"，而且能做到有功的绝对不吝啬奖赏，因此很多"忠正远见而有实者"都愿意为曹操所用。比如关羽就在张辽的劝说下成了汉寿亭侯；张郃来投靠，直接封为偏将军、都亭侯。

从曹操身上我们可以发现领导者不应该仅仅关注自己，而应该着眼全局，聚焦组织成功、团队认同。如果说领导者坐在高位，还在想着兄弟义气、为朋友两肋插刀，那组织的环境和氛围可想而知，那些忠正、有远见、有能力的人才也就很难获得重用。因此，CFO 在进行领导力的培育时，不仅需要认清形势，还需要对所处环境和氛围有所警惕，并通过自己的努力，推动治理和文化的纠偏。

重视控制环境

吉利汽车的 CFO 尹大庆，个人经历非常丰富，先后在杜邦（中山）纺织有限公司、威士连接技术（中山）有限公司、上海杜邦农化有限公司、华晨金杯汽车有限公司（简称"华晨"）担任财务总监，尤其是从杜邦被挖到华晨之后，在短短不到五年的时间内，就帮助公司实现了 48 亿元的利润。2002 年 8 月，时任吉利汽车董事长的李书福就曾亲自邀请尹大庆加盟，但被婉言拒绝。

在尹大庆看来，企业的内部控制环境对 CFO 很重要，而国内的很多民营企业，具有家族化、兄弟义气等典型特征，一些管理者的亲属和朋友很可能会成为干扰内部控制的主要因素。如果说一家公司的环境和氛围不够好，那么 CFO 的能力发挥就可能受到很大掣肘。因此，虽然李书福多次相邀，但直到吉利彻底结束了由四位兄弟共同把持的家族企业，通过一系列改造之后成了尹大庆所认同的现代股份企业之后，他才正式加盟吉利。

在发起组织委员会 2017 年发布的新风险管理框架中，治理及文化作为第一个要素得到了广泛的关注，其中涉及定义期望的组织文化，明确并恪守核心价值观的承诺，吸引、培养、保留有胜任能力的优秀员工等内容。以组织文化为例，其通常是由领导层来定义的，建立及塑造得到全体员工所拥抱的文化，比如"在正确的时间做正确的事"，对组织能够抓住机会并有效管理风险以达成战略和经营目标至关重要。影响组织文化的因素有很多，包括提供给个人的判断及自由裁量权、组织内员工如何彼此相处以及如何与他们的领导相处、员工的行为准则、工厂的布局、薪酬制度等内部因素，还有监管要求、客户和投资者的期望等外部因素。

对于 CFO 而言，一方面需要对组织文化有清晰的认识，并转化为自身的价值观、行为和决策，另一方面还需要以身作则，去影响和塑造积极、健康的文化和氛围，进而体现自己的领导力。比如财务和业务融合的过程中，当激进的销售部门有很强的动机去扩大销售时，可能就会忽略监管合规的要求，此时财务部门就需要将合规要求内嵌于相关的制度规范、流程乃至日常沟通中。财务部门内部，也需要有强烈的服务和团队合作意识，推诚而行、守正创新、赏罚分明、唯才是举。

培养和激励他人：领导者的职责所在

打造团队，是领导者不可推卸的责任。在《华为基本法》中，甚至单独用章节来对接班人进行阐述，比如"进贤与尽力是领袖与模范的区别。只有进贤和不断培养接班人的人，才能成为领袖，成为公司各级职务的接班人"。

为了培养接班人，华为公司还将其纳入干部任职资格的考核中，即领导者如果不能培养接班人，在下一轮任期时应该主动引退。制度对接班人的产生给出了方法，即在集体奋斗中从员工和各级干部中自然产生领袖。但对如何培养接班人并没有给出明确的方案或路径，只是强调要在实践中培养人、选拔人和检验人。

马钰的教学

金庸在《射雕英雄传》中成功塑造了大侠郭靖的成长历程。最早正式教郭靖武功的人是"江南七怪"，这七个师父严格意义上说武功并不高，平时传授尽心尽力不说，监督也极为严苛，郭靖练得也非常勤奋，但就是效果不好，往往教了十招，他一招也学不到位，练了十年功夫仍然没有开窍，连一个送信的尹志平都打不过。

在 1983 版的电视剧中，马钰道长直接给出了答案，是因为"教不明其法，学不得其道"，所以郭靖无法取得令人满意的进步。于是郭靖磕头，承认自己"蠢得很，功夫老是学不会"，请求道士指点。马钰的教学很简单，就是带着郭靖爬山、睡觉，并未教他一手半脚武功，但等到郭靖在白天再练武的时候，居然能够渐渐地身轻体健，半年之后，很多招式不仅能用上巧劲，还能够做得又快又准，一年之后更是武功大进，让师父们刮目相看。

显然，专业知识和技能是可以通过培训得以提升的，关键在于教者有法、学者有道，并通过实践不断加以检验。

李云龙的复出

好的领导者在建设团队时并不局限于培训、教育等方法，他还会激励他人。在电视剧《亮剑》中，几乎随处可见激励的作用。比如李云龙因为在战场上抗命，被罚到被服厂当厂长，这时候孔捷担任团长的独立团被敌人袭击，自身伤亡惨重的同时，连敌人一具尸体都没有留下，被老总称为"发面团"。于是李云龙复出，担任士气极其低下的独立团团长。

李云龙上任之后做了几件事。第一件事是发了200件的新军装，按李云龙的话说，这个被服厂厂长不能白干，但更重要的是要给新部队一些福利，所以领导者心中不仅应想着自己升职加薪，还要时刻惦记着自己的追随者和部属。第二件事是打电话给上级，要求把原来独立团的团长孔捷留下来，这是为什么？从某种意义上说是为了"搭班子"，孔团长是好领导，在老部队有权威，李云龙和他建立起亲密的伙伴关系，有利于工作的开展。第三件事是激励队伍，从某种意义上说是"文化建设"，甚至是定策略。已经穿上新军装的独立团，在李云龙眼中"一个个都跟新姑爷似的"，大家哈哈大笑。有士兵问："李团长，是不是老总说咱是发面团，有这话吗？打一次败仗我们就成发面团了，可我们打过多少胜仗。"李云龙很坦诚："确有此话，老总是说了。老总说咱是发面团，咱没啥可说的，咱们确实打了败仗，挨骂是活该。"李云龙认清现实，敢于承担责任，问题是下一步怎么办。"弟兄们，知道我李云龙喜欢什么吗？我喜欢狼！狼这种畜生又凶又猾，尤其是群狼，老虎见了都要怕三分。从今往后，我李云龙要让敌人知道，碰到了我们独立团，就是碰到了一群野狼，一群嗷嗷叫的野狼！在咱狼的眼里，任何叫阵的对手，都是我们嘴里的一块肉！我们是野狼团，吃敌人的肉，还要嚼碎他的骨头！"于是"发面团"在李云龙的调教和激励下，成了嗷嗷叫的"野狼团"，李云龙的影响力也有了初步的体现。

仅仅有理想、激情和热血还不够，还需要有战略、资源甚至绩效。建立团队，带领队伍不断地取得战斗的胜利的过程中，物质、精神的激励，都发挥了不可忽视的作用。

梅西的激励

对于打造团队，下面以体育比赛中的球类运动为例，讲解领导者如何运用好激励的工具。足球运动中，一个球队有 11 名球员活跃在场上，一支球队取胜，守门员的突出表现不可忽视。在 2022 年的世界杯比赛中，阿根廷队的守门员马丁内斯的表现可圈可点，尤其在几场关键的点球大战中。有一个场景给观众留下了深刻的印象，即队长梅西在进球后，当队员们欢呼雀跃时，他却走向了守门员，拍了拍马丁内斯的肩膀。这其实也是一种激励，因此，马丁内斯声称，他愿意为梅西去做任何事。好的领导者会善用激励的工具，并寻求更有效的路径，来激励自己的队友们更加努力地工作。领导者应该思考，通过责任感、使命感、工作的意义等激励员工，让其发挥潜能。

激励方法

　　GE 公司的前 CEO 韦尔奇在自己的书《赢》中分享了一个故事。他的前队友吉姆·麦克纳尼（Jim McNerney）在 2001 年 1 月开始担任 3M 公司的 CEO，当时该公司在中国的业务年增长率为 15%，显著高于公司的平均水平，因此公司的中国团队在预算会议上总是得到赞誉。

　　在吉姆上任之后，他首先考虑的事情是把 GE 的文化移植到 3M 公司中，形成充满责任感的公司文化氛围，员工必须清楚自己所说过的话，提交自己的运营或战略承诺，且要勇于承担责任。当公司形成了坦诚、相互信任及负责任的风气之后，负责中国业务的总经理肯尼斯（Kenneth）开始认同吉姆的理念，然后肯尼斯提交了一份运营计划，将中国业务的增长速度定在了 40%，这个数字是原来增长率的近 3 倍。最后的结果是，3 年之后，3M 公司在大中华地区的运营出现了崭新的面貌，以业务收入为例，从原来的 5.2 亿美元增长到了 13 亿美元。

学会分钱：不让员工吃亏

　　李云龙推行的"亮剑文化"，有一个基本的特征，即"狼行千里吃肉"。对于团队成员而言，其可以有不同的追求，马斯洛将人的需求分为 5 个层次，并认为人的最迫切的需要，才是激励人行动的主要原因和动力。站在领导力的角度看，柯林斯则将经济收入、激情和使命作为核心，并将三者的交汇之处作为所谓的"刺猬"予以强调。因此，领导者应学会换位思考，视团队成员的不同需求层次，努力找到这个"刺猬"来更好地激励他人。

有本事才吃肉

《亮剑》中，李云龙的激励很有特色。比如他让炊事班杀一头猪，然后在旁边支起大锅开始烧肉熬汤。接下来把团里的战士们集合起来，问大家想不想吃肉。想吃肉没那么容易，因为僧多粥少，全团 1000 多人，每个人都想吃，只有一头猪，那不得打起来。要想吃肉，得拿出点能耐来，擂台上见能耐，想吃肉的站上去露两手。这就是独立团的规矩，有能耐的吃肉，没能耐的连汤都喝不上。于是大家奋勇争先，部队的战斗力也得到了很大的提升。

分担责任、分享利益

与独立团类似，华为公司也有"亮剑文化"。创始人任正非先生直言不讳，华为成功的秘诀就是"分钱分得好"。公司近 20 万名员工，绝大多数都可分配到利润和股权。华为是一家几乎百分之百由员工持股的公司，而创始人任正非先生持有的股份占比不足 1%。事实上，任正非在创建公司时就设计了员工持股制度，通过利益分享，把员工的利益与公司的利益绑定在一起。据任正非先生的回忆，那时他并不懂期权制度，之所以这么做，是凭借自己过去的人生经验，感悟到要与员工分担责任、分享利益，而这种理念得到了很多人的认同。宋志平先生就认为，华为的崛起，一是因为有任正非这样的企业家，二是有财散人聚的机制。

以奋斗者为本

在许多人眼中，华为是一家高科技公司，其 2021 年研发总投入达到 1427 亿元，占到当年公司收入总额的 22.4%，无论是绝对数，还是相对数，都创下了华为的历史纪录。

在华为的开支中，研发并不是占比或金额最大的。翻开年报，在总人数没有很大变化的情况下，华为 2021 年支付的雇员费用高达 1645 亿元，按照 19.5 万名员工的数量计算，每名员工的平均年薪达到了 84 万元，真正体现了华为"以奋斗者为本"的经营理念。

华为今天的口号是"以奋斗者为本"，这是一种经过长期实践验证的契约精神，是员工与公司之间达成的、基于信任的强大心理契约。

据说，在公司陷入困境的冬天，华为的资金周转出现了困难，也有很多员工离职，但这些员工拿到的金额，往往比自己算出来的要高。应该说，华为在分钱方面，没有让员工失望。公司认为，员工是公司的未来，应该把钱投资于未来。

分钱，本质上是一种利益共享。站在领导的角度，懂得把利益分享出去，让员工对自己的奋斗有一个合理的预期，是一种能力，更是一种品德。当然，利益有时候也需要自己争取，比如谢东莹向俞敏洪要 1.5% 的股份；初入职场的洛克菲勒向自己的首席合伙人休伊特（Hewitt）要求提高个人年薪。优秀的财务领导，应努力塑造一种"以奋斗者为本"的文化，来激励团队成员努力。

懂得分权：人人都是主人翁

"权"是影响

在中国的古汉语中，"权"由"木"字旁和"雚"字组成，其中"木"象征着手握权杖的人，而"雚"字象征鸟嘴的形状，两者相结合，其含义通常是手握权杖的人，像鸟嘴一样自上而下地劝说、影响他人。因此，从本质上说，"权"并不是一种野蛮的、靠武力或压迫来行使或形成的东西，而是一种潜移默化的影响。

授权是信任

实践中，我们往往把"授权"与"分权"放在一起，其核心在于把"权"在领导和部属之间进行了很好地分配，但两者之间还是有所区别的，授权仍然有上、下之分，而分权有平等之意。

电视剧《亮剑》中，多处提及李云龙如何一次次带领大家发展得更好。比如他刚接受新一团时，部队缺乏训练，也缺少实战经验，最重要的是缺少武器装备，两个人都分不到一支枪。显然，作为领导，李云龙对自己的家底门儿清。如何发展壮大，如何形成战斗力，成为他首先要解决的问题。于是，他想到了上级领导，去找旅长要，旅长的回答是："要枪没有，要命一条，你李云龙看我的脑袋值几条枪，你就砍了拿去换枪。""你既然能当团长，就有能耐去搞枪，要不然就回家抱孩子去，别在这给我丢人现眼。"这就是旅长的"用人做事"的理念：找到你，就代表着信任你，事情怎么做，你看着办。在李云龙看来，这是得到了旅长的授权。不到一年的时间，武器装备换了一批，有了和敌人对着干的底气。

分权是制衡

分权，有"自治"的意味，把权力分出去的同时，也把自己现有的权力关了起来，起到了制衡的作用。例如，阿里巴巴集团的创始人在 2017 年的一次演讲中，讲到了他当初聘请 COO 关明生的故事，当时面试了 5 个人，而关明生是面试过程中唯一一个准时到达的人。到了之后，关明生把外套叠好放在边上，而后与阿里巴巴集团的创始人进行面对面的畅谈，颇具秩序感。阿里巴巴集团的创始人认为自己很有江湖情义，但做企业需要一些制度和规矩，而关明生正好可以弥补自己的不足。

关明生问："我来之后，在哪里办公？"当时阿里巴巴在杭州的办公地点并不宽敞。阿里巴巴集团的创始人也没有多考虑："这样吧，把我的办公室一分为二，你一半我一半，会议室共用一个就好。"几年后，关明生和该创始人交流起来："你了不起。你能把办公室分一半给我，意味着你把权力分了一半给我。"权力充分授权给了他人，阿里巴巴集团创始人本身的权力就会受到一定的制衡。也许当时阿里巴巴集团的创始人做这种安排时，并没有这种想法，但不可否认的是，他确实把关明生当作了二把手，认为他是个能力强的人，在制度和管理方面的经验也很丰富。

类似的例子，在吉利公司也有。尹大庆加盟吉利后，对制度体系也进行了一些修正，比如要求一定数额以上的预算，必须经过财务部审核之后，总裁才有权进行审批；再比如财务总监只向董事会汇报，而不向总裁汇报，这就在实际上形成了财务总监和总裁的制约关系。相关资料显示，尹大庆在吉利集团中可能是最敢于在工作上与董事长李书福进行对抗的人，甚至有人说，很多时候董事长都有些"畏惧"尹大庆。李书福也在不同场合说过："我并不懂资本运作，也不关心具体财务，这些都是尹总的事。"从这点上看，李书福把财权分给了尹大庆。

创新与分享

海尔集团在分权上也做得很好。早在 2005 年，公司就推出了"人单合一"的管理创新，2012 年又率先与互联网公司合作，实现线下线上的融通。按照海尔集团董事长张瑞敏的说法，在电商时代，往往以流量为王；但在他看来，应以体验迭代为王。在新的"人单合一"模式下，公司将决策权、用人权、分配权全部让渡给员工，管理方面不再试图去控制员工，而是要去解放员工。很多的管理人员要么去创业，要么离开，在此背景下，公司已经转变为一些自发组成的创业团队和小微企业，每个团队的人数通常不超过 10 人。

在一些人心中，海尔可能还是一家传统的家电公司，但现实中，海尔已经成为一个平台，解决方案被提升到重要的地位。海尔生产的洗衣机也不再局限于把衣服洗干净、烘干，而是围绕用户的需求提供相应的服务，比如除了烘干、杀菌，还提供穿戴搭配建议，以满足用户的穿搭要求。

显然，在新技术、新趋势、新理念下，海尔已经成为一个有机体，实现了所谓的"企业平台化、用户个性化、员工创客化"的新业态，每一个员工都得到充分的解放，能够自主决定做什么、怎么做，每个人都成为主人翁，"人单合一"模式成为符合物联网经济的一种新的管理模式。张瑞敏认为，每类企业都有两类会计，即财务会计和管理会计，前者更多关注的是反映，后者更多关注决策，而 CFO 要想对公司有深入的洞察和了解，仅仅懂得记账是远远不够的，如何度量生态成本、生态收入、生态价值，如何通过链群合约、体验迭代来真正实现价值分享，是需要重点考虑的问题。

善用心理：真诚交流，建立信任

与员工真诚交流

日本"经营之圣"稻盛和夫一生创建了两家世界五百强公司——京瓷和 KDDI，并在 2009 年再次出山担任濒临破产的日航公司的名义董事长，在短短一年多的时间内使这家公司扭亏为盈。

稻盛先生自 1983 年开始，就建立了盛和塾来传播他的经营哲学，并在 2019 年的告别演讲中，提及要发自内心地与员工交流，这对领导者有一定的启示作用。

如何与员工进行真诚交流呢？稻盛先生说利用"空巴"进行。空巴，也称为"恳亲会"，类似于中国公司的年会。正常情况下，领导者和员工谈话，往往都是在类似于在办公室这样的环境下进行正式交流，但在稻盛先生看来，一本正经的对话，可能效果并不理想，如果能够坦诚交流，那么谈话就可能会触及心弦。

作为京瓷的创始人，稻盛先生很早就利用空巴进行交流。初期京瓷的规模较小，因此他经常出席，其中最大的活动就是所谓的"忘年会"，据说有近 1000 人参与。稻盛先生自称所有的忘年会都会出席，和大家道一声"拜托了"，然后到各桌问候，与大家同乐，倾听和诉说彼此的梦想。

在稻盛先生看来，如果员工有不满，在这种场合马上就会觉察到，此时他会主动询问："你有什么不满吗？"对方不见得一开始就和盘托出，可能会说没有什么不满，但此时只要稍微地刺激一下，对方可能就会说出来，具体不满的原因可能会涉及公司对他们不够关心，或者是他们自己存在一些偏执之处，然后稻盛先生就可以对症下药，进行有针对性的交流。

双方真正坦诚对话后，彼此之间的关系会大大改善。稻盛先生赏罚分明，对于努力工作的人，会诚挚地加以赞扬，而对于犯了错误的人，则会明确指出对方的问题，彼此之间的真诚对话会达成很好的效果。经过真诚对话，稻盛先生也就把自己的经营哲学顺利地传递给了对方，比如出发点要为对方的幸福着想，要做品格优良的人等。

稻盛先生在中央电视台的《对话》栏目进行分享时，非常明确地指出，他是从中国古代的圣人身上汲取的经验，他认为中国早在 3000 年前就讲良知，他希望能够回到那时，用制度制约恶的一面，同时用文化激发人的善，再加上阿米巴工具、数字经营等，就能够促使大家转变。通过前述的恳亲会、酒话会、忘年会，彼此之间敞开心扉后，他就能够向部下彻底说明目标的意义，他认为，只有把部下的士气提高到一定水平，才能凝聚全员的力量，进而将愿望变成现实，在此过程中，他的领导力淋漓尽致地得以体现。

建立彼此之间的信任

稻盛先生曾经分享过他与员工之间是如何建立起这种彼此信任关系的。大约在 1989 年，四五位从 KDDI 退休的经营干部相约，要招待稻盛夫妇一起外出旅行。这些干部在京瓷建立之初就已经进入公司，非常勤奋地工作，后来又被派遣到 KDDI，应该说是对两家公司的发展都作出重大贡献的人士。

根据行程安排，他们先在一起打高尔夫球，之后在旅馆住宿一晚，晚上举办所谓的"谢恩会"。稻盛先生欣然应约，大家一边喝酒，一边推心置腹地深入交流。稻盛先生对这几位干部的奉献表示了感谢，在他看来，当初的京瓷是一家初创公司，在京都名不见经传。而当时的大学毕业生，一般不愿意进入京瓷，但这几位干部却进来了，为京瓷注入了新鲜血液。

那几位干部也掏心掏肺地讲述自己的感受，当初很多亲戚朋友都为他们感到担心，建议他们另谋出路。他们自己也忐忑不安，对未来充满疑惑。但见到了稻盛和夫之后，心里却冒出了一个不一样的念头："如果是这个人，我们就甘愿追随，无怨无悔。"

稻盛先生认为，这几位干部现在很幸福的生活，是自己奋斗的结果；但这几位干部则说得益于公司的发展，因为经过 40 年的发展，两家公司繁荣昌盛，稻盛先生也把公司的股票分给了这些干部。

稻盛先生说，这几位干部一毕业就进入当初的京瓷公司，其间很多人先后辞职离开，但他们坚持到退休，前后经过 40 年的时间，还特意为稻盛先生开谢恩会。这说明领导者在公司内建立良好的人际关系非常重要。员工爱戴领导者、愿意追随领导者，这种关系基于信任，因此领导者更要努力加快公司的发展，让追随者获得幸福。

学会付出

领导者如何做，才能建立这种全方位的信任关系，甚至让员工真心追随，让他们发自内心地爱戴和敬佩自己呢？稻盛先生给出了自己的建议，即要学会付出。如果领导者只考虑自己，那么员工不会真心实意地爱他。因此，要真正得到员工的心，领导者就需要学会付出，在很多方面体现出对员工的爱护和帮助，在利益方面，也需要考虑员工。

情感需要交流

CFO 既要对公司的董事会、总裁等治理层和管理层负责，也要对财务团队、业务部门等负责，并和外部利益相关者保持良好的关系，因此，有必要应用心理学工具，不见得要花多少钱，但要舍得投入感情和精力，如果能够做到稻盛先生这样，在部下们退休之后还愿意开专门的"感恩会"来招待他，彼此之间能够掏心掏肺地交流情感，那么其领导力也就不言而喻了。

领导者与下属可以通过互动，了解彼此，建立起良好的关系，并赢得彼此的尊重和信任。领导者需要学习、借鉴，甚至创新自己的交流方式，了解对方希望获得什么或者达成什么目标，进而思考自己如何帮助对方。下属对领导者的信任是领导者通过自己的专业能力、良好的日常行为一点点赢得的，包括所创造的价值、所展现出来的品格、履行承诺的行为等。中国历史典籍中有很多先进的管理方式充满着先人的智慧，比如《贞观政要》中谈及"草创易、守成难"。对于领导来说，需要学习"为君之道"，比如唐太宗的"先存百姓"理念，在今天的企业管理中就可以转变为谋求员工幸福的哲学，如让员工吃得健康，为员工创造良好的环境，并且落实为公司的价值观。部属则需要坚守直道，为组织的文化建设作出应有的贡献。

培训模块三：迎接变革挑战

▶ 因地制宜，拥抱变化

管理上有一句话："拿着旧地图，找不到新大陆。"当外部环境发生变化时，很多过去的经验、做法不再适用，可能就无法取得预期的效果。因此，领导者要学会因势利导、临机决断，在变革中培养领导力。

写出了多本畅销书的学者柯林斯，提及了一个非常重要的理念——保持核心，刺激进步。以惠普公司为例，"尊重和关心每个员工"是其恒久不变的部分，而"每天 10 点送水果和甜甜圈给每位员工"则是可以改变的做法；再以沃尔玛为例，"超出顾客的期望"是其恒久不变的部分，而"在大门口招呼顾客"则是可以改变的做法。

CFO 也应该思考，其核心的竞争力何在，如何做到保持核心竞争力的同时刺激进步。柯林斯提出了"高瞻远瞩公司"的概念，CFO 可以思考"高瞻远瞩 CFO"的理念。达尔文在《物种起源》中写道："适应良好的物种并非起源于上天的特别赋予、创造的本能，而是因为一种普遍法则的多次小影响，造成了所有生物的进化。"从这点上看，变化是无处不在的，我们能够做的，就是适应这种变化，并拥抱变化，推动个人和组织的变革。

文化的力量

　　电视剧《天道》对文化进行了很好的阐述。主人公丁元英在与知己芮小丹吃饭时说道："透视社会依次有 3 个层面——技术、制度和文化。小到一个人，大到一个国家、一个民族，任何一种命运，都是文化属性的产物，强势文化造就强者，弱势文化造就弱者。"虽然这种观点有所偏颇，但不可否认的是，每个组织在发展壮大的过程中，都将文化建设作为一个要点予以强调。正如春夏秋冬、四时变化，不以人的意志为转移，春播秋收、夏长冬藏也是一种规律，人们应该遵守这种规律。领导者首先应该认识，进而遵循这种规律，在变化中推陈出新，形成独特的文化并建立自己的竞争优势。

　　企业文化理论之父沙因在《沙因文化变革领导力》一书中对文化进行了阐释，他认为文化本质上是一个模糊的概念，大家对文化的理解各不相同。在他看来，文化是"领导者及其追随者在共同努力打拼出来的历史中，不断通过多方面的学习所形成的结构和惯例，它将塑造一个组织的未来"，并通过"沙滩隐喻"来解释领导力和文化的关系，其中文化是沙滩，领导力是海浪接近沙滩时形成的浪尖，变革则是浪尖（领导力）拍打在沙滩（文化）上所形成的结果。海滩（文化）是形成浪尖（领导力）的必要条件。

　　在中文的语境中，"文化"是"人文化成"的简称，最早来自《易经》中"观乎人文，以化成天下"。因此，人的言行举止，可以反映其自身文化的内核。站在一家公司的角度，CFO 的基本职责之一是提供财务信息，其载体往往是财务报告。报告使用者通过阅读这些管理层编制、董事会批准的财务报告，一定程度上可以形成对一家公司直观的印象，如果能够获取补充的信息，就能够对公司的文化有较深入的了解。

超越预期：学习用户思维

X 公司的创始人 L 先生，曾经分享他的创业体验。X 公司是他在 40 岁实现财务自由之后创办的公司。在创业过程中，他借鉴了几家公司的文化。

其中一家公司是火锅品牌"海底捞"。事实上，黄铁鹰教授专门写过一本书《海底捞你学不会》。这是一家成立于 1994 年，于 2018 年在中国香港上市的餐饮类公司，秉承"用户第一"的价值观。在创始人张勇先生看来，顾客与员工都是海底捞的用户，由于员工直接与顾客接触，他们在某种程度上代表了公司的形象，因此让员工感到幸福，员工就可以将其传递给顾客，从而实现共赢。实践中，公司曾为员工宿舍配备计算机、空调，优秀员工则可以享受配股的福利，其子女则可以免费参加夏令营；优秀的店长不仅自己能够得到相应的福利，其父母也能够享受到每月的补贴金。对于顾客，海底捞的服务可谓无微不至。

L 先生悟出了其中的关键所在，海底捞有很好的口碑，但这个口碑不是通过营销造就的，而是通过用户的内心被真诚打动所形成的；而且，海底捞的口碑源于"超预期"，向海底捞学习，就要学习这种塑造超预期的做法。

于是 L 先生将这种思考运用到了公司实践之中，据说 X 公司的客服人员的工资比同行的平均工资高出 30%。与海底捞的理念一样，如果领导者不能做到对员工好，指望员工对客户提供超预期的服务就是不现实的。L 先生还分享了一个小故事。某位用户在"双十一"活动期间，凌晨 1 点多下单购买公司的产品，结果 6 点时，所购商品就配送到了家中，用户给出的评论是，X 公司的物流速度不可思议。显然这些服务细节一定程度上给用户留下了深刻印象，也是打动用户、口碑营销的具体实践。

财务人员同样可以向海底捞学习。对财务人员而言，仅仅做账是远远不够的，如何认识"沙滩"，通过一次一次地拍打沙滩形成"浪尖"是领导力培训的重要议题。财务部门需要定义自己的用户，明确用户的预期，通过提供超越预期的产品和服务，来塑造和提升自身的领导力。对 CFO 而言，财务部门员工是与组织内外部用户的直接接触者，他们的满意自然会传递给业务部门、监管机构及投资者、债权人等各类信息使用者，因此 CFO 要将财务团队的成员满意放在与内外部信息使用者满意同等重要的位置，准确识别、定义他们的预期，提供超预期的薪酬待遇并培养其幸福感，以不断培育和提升自身的领导力。

拥抱变革：文化属性定胜负

文化是企业的重要竞争力

文化所代表的精神追求，往往是一个公司竞争力的核心所在。20 世纪 80 年代，学术界将日本崛起归因于文化。苹果公司的创新文化、高盛的"客户第一"文化、华为的"以奋斗者为本"文化、同仁堂的"修合无人见，存心有天知"文化等都广为人知。

我们常说"唯一不变的是变化本身"，也知道"宰相必起于州部，猛将必发于卒伍"，从某种程度上说，要培养领导力就要知道如何应对变革。一些公司甚至直接将"拥抱变革"作为核心价值观予以强调，并在实践中加以检验，以让自身及组织立于不败之地。

亮剑是一种精神

电视剧《亮剑》的主人公李云龙，原来是一个木匠，但最终成长为高级将领，既是战场历练的结果，也是不断学习的成果。比如他与坂田兵团、山崎大队长、山本特工队等战斗中都采用了极具个性的打法，并先后得到三八六旅旅长、八路军副总指挥、淮海战役总指挥的表扬。应该说，李云龙的适应能力很强，能够针对不同的对手制定出破敌良策。而且，他的学习能力也非常强，不仅从孔捷、丁伟等战友身上学，也从楚云飞、山本等对手身上学，还在延安时接受了专门的战略战术培训，并得到师长的表扬。

在南京军事学院接受培训时，李云龙最终将"论军人的战斗意志——亮剑精神"作为自己的毕业论文主题，这既是整部电视剧的要义所在，也是李云龙军旅生涯的深刻感受，李云龙答辩时得到了热烈的掌声。事实上，从晋西北打日本人时的团长，到解放战争时二师的师长，李云龙的对手一直在变化，当年缴获一挺九二式机枪就高兴得合不拢嘴，接触到淮海战场上的美式榴弹炮后，才知道日本人的装备在美式装备前就是烧火棍。等到孔捷军长从朝鲜战场上回来，孔捷已经正面与美国军队交过手，孔捷此时的感受又完全不同，尤其是以前很多的战场经验，经检验已经过时了。按照孔捷军长的说法，部队刚进朝鲜时，我们用解放战争的办法打美国人，美国人犯了类似的错误，他们用打朝鲜人的办法来打我们，双方就没有打到一起去，经过实践，双方都清醒过来，适时调整了策略。

李云龙认为，哪怕对方是天下第一剑客，只要对方宝剑出鞘，他就会亮剑，如果没有这个勇气，就不应该当剑客。所谓"剑锋所指，所向披靡"，李云龙认为，这是部队能够在过去、现在和未来赢得战争的秘诀。

事实上，李云龙的观点与毕业于西点军校的施瓦茨科普夫有异曲同工之妙。海湾战争结束之后，施瓦茨科普夫回到了母校，面对 4000 ~ 6000 名校友发表了他对领导力的观点。在他看来，年轻的校友们如果想要在 21 世纪的军队中成为一名领导者，要将西点军校的校训牢记于心中，包括"将责任注入脑海，将荣誉刻在灵魂之上，将爱国烙在心上"。李云龙没有在毕业典礼上讲战略、战术，而是讲"亮剑精神"，施瓦茨科普夫也没有讲他如何取得胜利，而是强调校训。显然，在他们看来，文化、价值观、精神才是制胜之道。

对创新的培训

对创新的培训并不容易，尤其是对一贯谨慎、细致的财务人员而言。从某种意义上说，创新代表着一种不同的文化，这也是打造适应变化能力的领导者应考虑的问题。近年来，数字化技术给财务工作带来了很大的冲击，一些 CFO 积极拥抱变革，不断创新实践，将新的信息技术和智能工具有选择地运用到企业的财务工作中来，取得了良好的效果。因此，财务人员应该对创新保持开放的心态，通过走出去、引进来的方式，体现出拥抱变革的决心。

GE 的前任 CEO 伊梅尔特离任后，在高校教授有关领导力的课程时，透露公司每年投入超过 10 亿美元进行相关的培训。他曾经对 185 位高管过去 10 年参加领导力培训的情况进行调查，结果发现平均的培训时间为 12 个月，也就是说这些高管每年在领导力领域的培训超过 1 个月，这是一个惊人的数字。

在 GE 生产的产品中，很大一部分是飞机发动机或者核磁共振仪这样的产品，这些产品对质量要求很高。一旦飞机发动机出了问题，很可能有人因此而丧生，因此公司对质量管理投入很多的资源。

新环境给公司的商业模式带来了很大挑战，比如公司以前销售成套的复杂机器，但公司并非依赖机器销售获利，利润主要来自硬件维修。现在不一样了，公司需要根据用户的需要，提供定制的、突出某些性能或改善性能的、带软件支持的解决方案，这就需要公司尽快解决"物联网"问题，通过分享数据来让机器提升效率，实时了解机器的运行情况，通过数据来优化机器的性能。常见的例子包括，减少发动机着陆时所消耗的燃油，通过数据处理软件来预测机器设备何时需要维修，并在机器实际发生故障之前就能够发出预警信号，从而将停机时间缩短。

在新的环境下，公司一方面需要提高产品的质量，减少甚至消除错误的发生，另一方面还需要发挥创造力，能够推出新的服务以增强竞争力。因此领导者要不怕失败、敢于冒险、奋力争取新的机会。

考虑到需要接受领导力培训的目标群体往往是公司的高管，他们本来就非常忙碌，并肩负着很多的职责，因此，很难让这些领导者一次性集中离开工作岗位很长时间。因此 GE 发明了一些既要考虑效果又要满足高级管理者需求的课程。实践中，GE 设计了一门为期 4 天的领导力探索课程，借此把彼此不太熟悉的人员聚集到一起，建立起彼此之间的联系。

变革融合

推动变革

2021 年 11 月，我国财政部党组会议审议通过了《会计改革与发展"十四五"规划纲要》，并于 11 月 24 日正式印发，在随后发布的文件解读中，指出要以"变革融合、提质增效"为中心，并明确"变革融合"是会计行业运用新技术、融入新时代、实现新突破的必由之路。

在领导力培训中，也应该紧抓变革融合，思考新技术的应用以及利用其在组织方式、核心职能、工作地位等方面带来的变化，并强调在传统的核算、监督等职能的基础上，如何对内更好地与微观主体经营管理有机结合，如何对外更好地与宏观经济管理、财政管理有机融合。

美国学者戴维·尤里奇（Dave Urich）认为，领导者是变革的推动者，通过建立一定的标准，设定相应的目标和时间表，并在预算内完成既定的项目，这些项目包括开发新产品、并购后的公司整合、收购新公司、上线新信息系统等。

掌握主动权

在电视剧《理想之城》中，体现主人公苏筱的领导力的一个场景就是关于天字号子公司合并方案的竞选演讲。在苏筱看来，这不是一次简单的合并，更像是一次资产重组：重组的不仅有 5 家子公司的人、财、物，还包括进入市场后公司的资金结构调整，以及增量资产的重新整合。董事长赵昂坤问：要用多久完成合并？合并能完成到什么程度？竞争对手赵鹏和苏筱的回答大不相同。赵鹏认为需要 1 年时间，完成度在 80% 左右，但他无法给出 80% 这个数字的依据。苏筱的回答则更有深度，比如她认为，天字号虽然都是集团的子公司，却有着不同的管理理念，如果此次合并由她主导，她将用一年时间完成主体层面的合并，再用半年时间完成文化层面的合并，合并之后的天字号，将是第二家总承包公司。显然，苏筱在此次变革中，不仅给出了时间进度，而且描述了一个愿景，即通过整合，将 5家天字号子公司打造成为总承包公司。此时的原总承包公司负责人汪总也提出了一个问题："天和目前在建的项目有几个，情况如何？"显然，此时的汪总是在考两位候选人对合并对象的某个具体子公司的洞察，而天和是赵鹏负责调研的公司，他对相关数据信手拈来："目前有 3 个项目，一个住宅，一个商业广场，还有一个市政办公楼，目前商业广场项目亏损最严重。"苏筱的回答则更具体："虽然行业分析都喜欢唱衰商业，说商住价值倒挂，但天和的商业广场未来资金并不堪忧，这一点我在和赵副总交接的时候，已经作过分析和调研。"苏筱掌握了此次竞选的主动权，最后包括汪总在内的领导班子，都把票投给了苏筱，她也成为此次合并改革的领导小组组长。

变革管理清单

按照尤里奇的观点，无论何种变革，都会有一些共同的问题需要关注和回答。结合苏筱推动子公司合并的事件，变革管理清单可以总结提炼出来，如表 6-1 所示。

表 6-1　变革管理清单

关键因素	关注问题	示例
领导支持	该项目是否能获得领导者的支持	董事长支持，领导班子附议
需求清晰	领导者对该项目的需求是否清晰	苏筱认为，天字号合并表面上看是盈差款问题，实际是天字号发展问题
目标明确	变革的目标是否明确	通过资产重组，形成第二家总承包公司

续表

关键因素	关注问题	示例
利益相关者认可	变革涉及的人员是否接受方案，并且愿意为之努力	集团同意，与 5 家子公司谈判，达成共识，推动合并
决策流程	是否知道项目近期的决策	确定变革领导，组建改革领导小组，推动财务、管理、法律尽职调查等，明确合并方案、进度及目标等
投入资源	要投入多少信息、资本和人力资源以实现变革的制度化	5 家子公司的盈差款转股；推动债转股及全员持股计划落地
监控和学习	是否有取得持续学习和进步的衡量标准	合并后子公司战略清晰，收入、利润、现金流指标水平等对标总承包公司

保持核心，刺激进步：君子不器

从专业服务到赋能业务

在詹姆斯·柯林斯（James C.Collins）等的《基业长青》中，经过一系列的分析，尤其是对文化、策略、产品线、目标、权限、管理政策、组织结构、奖励制度等作出诠释之后，作者给出了一个核心理念，即"保持核心，刺激进步"，认为核心理念和追求进步的驱动力二者应和平共处、相互补足和强化。

对于 CFO 而言，保证资金的流转融通是核心。保证资金链的正常运行是 CFO 的重要职责之一，尤其在公司尚未实现盈亏平衡、大量业务仍然需要持续资金投入时，如何取得债权人、股东的信任是 CFO 需要考虑的重要问题。

资金问题固然重要，但融资仅仅是整个资金链条的一环，如何让组织繁荣昌盛、未来比现在和过去更有竞争力，同样需要 CFO 的参与和支持。更好地提供洞察，赋能业务，将新技术运用于企业的微观管理以降低成本和提升效率，都是 CFO 可以着力的方面。

学习使人进步

电视剧《亮剑》中，李云龙已经当上了军长，但仍然需要到南京军事学院学习。新的装备、新的战略战术、军事艺术及科学、现代化战争的专业知识，像李云龙这样会打仗的将军仍然需要继续学习。亮剑精神固然重要，但仅有精神不足以让李云龙在现代战争中保持常胜。如果说军人的战斗意志是"核心"，那么学习坦克、飞机、航母、无人机等相关知识就是"进步"。

在实务中，很多CFO并非金融专业和会计专业出身，想促进公司健康发展，就需要在注册会计师选聘、资金筹集与应用、战略储备与资源配置、预算与绩效考核、信息化和智能化等方面深入学习；同样，一些CFO根据职业发展需要成为CEO、董事长甚至专业的投资人，就需要在交易结构安排、股权架构设计、研发设计、销售渠道管理、价值链优化等方面赋能，即其工作从专业的财务维度拓展到全面的运营，CFO要迎接新的挑战，学习必须跟上。学习知识很重要，把学习到的知识运用于实践，有效地解决问题也很重要。

市场是最好的指挥棒

詹姆斯在自己的书中讲述了强生公司的故事，在19世纪末，强生的主要产品是抗菌纱布和医疗药膏。当时公司收到一位医生的来信，这位医生抱怨病人用了某些药膏之后皮肤会不适。公司快速回应，给对方寄出了一包用在皮肤上可以让人舒服的滑石粉，此后，公司在某些产品里附赠一小罐滑石粉，以解决可能的皮肤不适问题。顾客们很快开始对滑石粉提出了直接的需求，公司为满足这部分需求，开发出了名为"强身婴儿爽身粉"的新产品，并得到了市场的广泛认可，据说该产品给公司带来的收入曾经占公司总收入的一半左右。类似的例子出现在1920年，公司某位员工的太太不小心被菜刀割伤了，于是该名员工灵光一现，希望替太太创造一种便捷式的保护伤口产品——随时可用的药膏带。其由一小片纱布和特别的敷料构成，以避免辅料粘在皮肤上，这也是后来畅销的产品"邦迪"的由来。

早在 1886 年，强生公司创立时就以"减轻病痛"为宗旨，此后将服务顾客放在第一位，并将服务社区置于服务股东之前，强调对医生、护士、医院、母亲和所有使用产品的人负责。如果说这是公司的核心，那么推出爽身粉、邦迪乃至泰诺等产品则是应对市场和顾客需求的进步。

财务人员的核心和进步

财务人员也需要思考自己的核心是什么，如何在保持核心的同时，刺激进步。比如提供决策所需的信息是"核心"，通过智能化方式、动态图表方式实时提供信息，则可以视为进步。原来按照既定的时间、既定的格式提供标准化的信息，现在可以根据信用使用方的需求随时、动态、定制化地提供信息就是一种进步。分析是基础，提供洞察是目标，财务人员不仅应分析收入来自哪里、成本有何变化，还要指山如何赚取利润、如何加快资金的周转，能够分析出别人没有发现的东西。

我的一位校友金先生，是 H 公司的 CFO，同时也是我们学校的兼职导师，经常参与学校的研究生培养工作。他在实践中为应对数字化转型的挑战，做了很多数字化财务的探索并从理论上进行了总结。在他看来，共享服务中心（SSC）、财务卓越中心（CoE）及财务业务合作伙伴（BP）是数字化财务的三大支柱。比如通过财务共享中心来节省人力成本，解决基础财务工作中重复投入及低效率的问题，通过机器流程自动化（RPA）来解决资金管理、纳税申报、银行对账等问题并提升工作效率，通过人工智能（AI）等技术的应用，支持 CoE 及 BP 灵活、高效、迅速地分析及评价。

以 RPA 应用为例，公司原来进行数字化转型之前，领导问财务人员账上有多少钱，财务人员需要核对，要查账，需要一定的时间获取相应的对账单，还需要进行未达账项的调整；现在采用了 RPA，在提供相应的资金接口、设定相应的对账规则之后，每天晚上 RPA 可以完成自动对账，第二天早上上班时就可以看到账上的资金余额，甚至可以实现跨银行、跨系统的数据查找与对账；如果结合商务智能（BI），则可以形成可视的管理驾驶舱，进行多维度的图表展示，甚至实现实时联动、数据多级查询，并进一步延伸到融资、理财管理以及资金计划评估和汇率风险管控等管理职能上。显然，如果说"数字真实"是财务工作的核心，那么"数字透明、数字经营、数字管理"就是进步，运用ChatGPT（基于AI技术的应用）来提升日常工作的效率就是进步，金先生的实践不仅在日常工作中得到了包括领导、同事及业务部门的认同，也引领了行业数字化转型。

孔子的教导

《论语·为政》记载："子曰：'君子不器。'"从字面上看，"器"是器具的意思。在孔子看来，君子可以不受"器"的约束，不局限于一才一艺，应该努力实现多才多艺、博学多识。就财务而言，表面上看CFO与资金打交道，强调记账、做账、算账、报账，但实际上CFO还可能是CIO（首席信息官）、CTO（首席技术官）、CRO（首席风险官）等众多职位的集合。CFO要做到执行有力，还需要拥抱乃至推动变革，以问题为导向，以满足顾客需求、创造价值为追求，对新技术、新趋势、新环境抱有好奇心，在目标、决策、标准、流程、绩效、问责等方面全面介入以体现影响力。

《论语·公冶长》记载了孔子和学生子贡的对话。子贡口才极佳，具有很强的外交能力，而且很会做生意，在经商方面有猜测行情屡试不爽的记录（"亿则屡中"），但在孔子眼中，子贡还是"器"：瑚琏。据说这是一种古代祭祀时用来盛放粮食的器具。在孔子看来，子贡离"君子不器"还有一定的距离。CFO在领导眼中理应是"器"，最好成为"重器"，但这还不够，如果能够在保持财务专业性的基础上，触类旁通，参与决策，做到一定程度上的"无所不知"，并进一步做到将"所知"变为"所行"，那么领导力将进一步提升。

因敌变化，临机决断：胜者为王

向《孙子兵法》学灵活应变

《孙子兵法·虚实篇》述："夫兵形象水，水之形，避高而趋下；兵之形，避实而击虚。水因地而制流，兵因敌而制胜。故兵无常势，水无常形；能因敌变化而取胜者，谓之神。"我们通常说"用兵如神"，这个"神"就体现在能够"因敌变化"，即用兵作战就如同流水一样，不能僵化，要能够随着敌情的变化及时调整应对的策略。

今天，CFO 的定位往往是"战略伙伴""好参谋"。《亮剑》中有一个情节，独立团的团长李云龙与赵家峪村的妇救会主任秀芹成亲了，但当天晚上日本的特种部队山本一木在叛徒朱子明的带领下，准备夜袭赵家峪。按照日方的想法，晚上 11 点行动，此时的李云龙已经睡着了，而独立团团部所在地赵家峪村，只有一个警卫排的兵力部署，在人数、兵器配备、战斗力等方面远不及日方的特种部队；从赵家峪的地形看，村后面是绝壁，有上山的小道，而唯一的一条路从前村口贯穿到村后，李云龙的住房在后村口，一旦被攻击很难突围。山本拟定的偷袭方案，是把大部分兵力安排于赵家峪的村后，让李云龙的人无法通过后面的小道进入山里。

从计划上看，山本几乎掌握了所有的情报，从某种意义上说甚至占了天时地利人和的优势，但最后这个计划却失败了。原因是李云龙当天因为和政委赵刚赌气，睡得晚了一点，而且他还有一个非常好的习惯，就是睡觉前去查岗，即使是新婚也不例外。结果，在查岗的过程中就发现了保卫干事朱子明不在，有长期战斗经验的李云龙立即意识到异常，并让所有人紧急集合。李云龙的责任意识、风险意识、行动意识等综合素质救了自己。

在我看来，更重要的是李云龙的临机决断能力救了他。因为和敌人交手之后，他立即判断出敌人不寻常，不仅武器装备精良，而且战斗素养极高；加上根据经验、枪声判断，他得出了敌人已经截断他的后路的结论，于是从前边突围。这就是因敌变化、临机决断的体现。

通过谈判寻求共识

本书在第 2 章讨论财务领导力时，介绍过 IMA 的领导力模块，其中一个模块为"谈判"，即通过谈判使得多方能够达成共识，以达成组织最优结果和谈判方都能接受的解决方案。理论上，这些谈判可能发生在组织与外部的利益相关方之间，谈判内容为合同交付方式、定价等；也可能发生在财务部门和其他部门之间，谈判内容为预算指标分配和绩效考核依据等。财务人员培养领导力，就需要成为一个成功的谈判者甚至仲裁者，并在此过程中因敌变化、临机决断。对一个组织而言，每个部门都有自己的目标，财务部门需要了解每个部门的资源、正在做的事情，并通过充分的沟通与大家凝聚共识，将力量集中到一个方向上，采取恰当的行动为组织创造价值。

罗杰·道森（Roger Dawson）在自己的书中讲述了很多谈判的技巧，比如怎样让步既不让自己吃亏还能够让对手满意，如何打破谈判僵局，如何解决冲突，等等。以解决冲突为例，他建议要重新关注"共同利益"，只有双方都表达该怎样做才能解决问题，收集足够信息，设法让大家将注意力集中在共同利益上，才有可能进入下一步。

CFO 也会经常面临各种谈判场景和冲突，应学会《孙子兵法》中的"因敌变化"。中国企业家江南春就曾经强烈推荐《孙子兵法》，提炼了"道天地将法"五字诀。在他看来，"道"是第一位的，即"得人心者得天下"；"天"就是大趋势，要学会顺势而为，"天时"就是要学会在合适的时间做合适的事；"地"是渠道布局；"将"是团队；"法"是运营管理的效率和激励机制。天、地、将、法固然重要，道更重要。每个人有各自的诉求，甚至有不同的价值观，CFO 要因敌变化，甚至化敌为友，就需要收集大量的信息，加工成决策所需要的信息，能够有的放矢地解决问题，从而最大范围地建立共同利益联盟。

科大讯飞的 CFO 段大为也曾经分享了他对《孙子兵法》的看法。他认为孔子讲仁、义、礼、智、信，而孙子讲智、信、仁、严、勇，两大家的思想中仁、智、信 3 个要点是相同的，说明个人和组织的修养具备一些共同的东西。孙子更多关注的是带兵打仗，也更强调团队的重要性，此时的"严"和"勇"就有着不同的内涵和要求。作为一个团队的领导，要维护一个好的团队风气，需要勇于对一些不对的人和事情说不，必须管事；而要求别人做到的，自己首先要做到，严格带队，营造一个公平的环境。显然，段大为从品格的角度对领导力进行了阐述。

在我看来，品格有时候也会影响能力。比如我国财政部发布的《管理会计应用指引》中，有一个模块是绩效管理，财务人员往往也会加入绩效考评工作中，那么公平就要充分体现出来，这就是"严"在领导力中的体现；《管理会计应用指引》中还有一个模块是风险管理，新业务、新技术、创新等都会带来挑战和风险，那么勇于创新、勇于接受挑战就显得尤为重要。老子在《道德经》中说："勇于敢则杀，勇于不敢则活。"因此，CFO 在参与相关决策时，需要怀有戒惧和敬畏之心，需要结合风险偏好确定红线，在明辨是非的基础上敢于说不。

招式是死的，人是活的

金庸先生在《笑傲江湖》中刻画了我个人非常喜欢的武侠人物令狐冲，其中有两个场景给我留下了深刻的印象。第一个场景是田伯光来到华山之巅与令狐冲比剑，太师叔兴之所至，随手指点令狐冲打败对方，当令狐冲领悟了"行云流水、任意所至"的要义之后武功大进，居然把田伯光逼急了，他用双手卡住了令狐冲的脖子，令狐冲差点窒息。这时候风清扬来了一句："蠢材！手指便是剑。那招'金玉满堂'，定用剑才能使吗？"于是令狐冲灵光一现，手指作剑点中田伯光的"膻中穴"，第一次打倒了田伯光。这次的取胜，得益于太师叔风清扬耳提面命，将"因敌变化、临机决断"的战斗经验教给了令狐冲。

第二个场景是令狐冲学成独孤九剑下山之后，碰到了真正的高手武当派掌门冲虚道长。冲虚使用的是太极剑法，剑招形成一个个白色光圈，一会儿全身就隐在了无数的光圈之中。令狐冲在开始时还能看到对方剑招中的破绽，但当对方凭数十招形成攻势时，令狐冲根本无从抵御，只能一步步退避。对令狐冲而言，他秉承了风清扬教导的原则，即无论对方的招式如何精妙，只要有招，就有破绽。但问题是在实战中，令狐冲无法找到破绽，或者说有破绽也看不出，怎么办？

与田伯光打斗时，有风清扬的现场点拨；此时与冲虚的比剑，只能自己因敌变化、临机决断。令狐冲的悟性高，胆子也大，他首先判断，冲虚的剑招一定有破绽；然后分析，如果有破绽，可能在剑招所组成的圆圈的中心；最后决断，一剑刺入。当然，判断对了，仗就打赢了。一旦判断错误，轻则手臂被对方长剑绞断，重则送命。考虑到如果自己失败，就无法去少林寺救任盈盈，团队的士气也会大受影响，令狐冲作出了选择，将剑递了出去，而冲虚的剑招也就此被破。

这就是战，可能胜也可能败，即存在风险，作决策、定目标，都存在风险，因此，战略上要藐视敌人，战术上要重视敌人。令狐冲的决策充分展现了风险的两面性，更体现了《孙子兵法》中的"勇"。经此一役后，令狐冲在武学上有了很大的进步，他明白了敌人招数中最强的地方，也往往就是最弱之处。

对于CFO而言，财务部门往往被他人视为价值计算者，但随着时代的进步，利益相关者更希望财务成为价值创造者。如何创造价值？用通俗的话说，就是打胜仗，帮助组织多打粮食，最好还能够颗粒归仓。CEO每天都在决策，如一场仗要不要打，该不该打，能不能打；CFO应该辅助CEO，提供决策所需要的信息，如敌情、我情、市情等，还要努力把纷繁复杂的信息转变为简单易懂的符号或原则，以利于CEO决策。CFO能够从中国古代典籍中获得启示，古往今来不知道有多少人在研究《孙子兵法》《道德经》《论语》，如何灵活应用更是仁者见仁、智者见智。如果说CFO能够从中取得灵感，相信可以快速提升领导力。

7

提升财务领导力

▶ 艾格的领导力

罗伯特·艾格(Robert Iger)曾在 2005 年 10 月至 2020 年 2 月担任迪士尼公司的首席执行官,其间公司先后并购了皮克斯、漫威、卢卡斯影业等著名公司,公司利润从 2005 年的 25 亿美元,增长到了 2019 年的 104 亿美元。与之对应的是,公司的市值也从 480 亿美元,上升到 2300 亿美元。在他宣布卸任的当天,迪士尼的股价跌了 4%,一定程度上表明了市场对他的认同。

艾格在自传《一生的旅程》中,对自己的职业生涯进行了回顾,尤其是对领导力进行了深入的反思。从美国广播公司(ABC)名不见经传的业务员,成长为世界五百强公司的 CEO,从不被看好的接班人,到被董事会、股东认可的掌舵人,按照他自己的说法,有很多人值得感激。

在 1999 年 8 月的某一天,前管理者汤姆·墨菲(Tom Murphy)打电话给艾格,劝他离职。原因是前一天晚上,汤姆和迪士尼的 CEO 迈克尔·艾斯纳(Michael Eisner)以及其他几位迪士尼的董事会成员吃晚饭,众人讨论到了迪士尼公司接班人的问题,其间迈克尔谈及,艾格没有机会成为他的接班人。

到了 2005 年 3 月,当艾格被确定为继任者之后,迪士尼创始人华特的侄子罗伊·迪士尼(Roy Disney)及其律师斯坦利·戈尔德(Stanley Gold)就以"竞选过程造假"为名,将董事会告上了法庭,并将艾格视为前任迈克尔的傀儡。这是艾格还没有正式上任之前就需要解决的矛盾,最终他了解并感悟到了罗伊的根本需求,即需要得到他人的尊重,于是艾格通过提供董事会荣誉退休的职位、在总部安排一间办公室等条件,换取了罗伊的和解,以四两拨千斤的方式,解决了前任留下来的难题。

在书中，艾格对这个故事进行了较为深刻的反思，在他看来，"以和为贵"不仅是经验，更是屡试不爽的行事原则。要做到这一点，核心在于尊敬他人，尤其是在谈判的过程中，给对手以尊敬，往往就能够起到四两拨千斤的作用，进而可以避免付出惨重代价。

后来，艾格为拯救公司、重塑品牌，主导了包括皮克斯动画在内的几个大型并购案，这些也是他将悟出的道理应用于实际的尝试。他认为，带着尊重和同理心与人接触和交流，会让一些看似不可能的事情实现。

想培育财务领导力，很多领导者会聚焦于财务、专业的分析、数据的论证，这些固然重要，但一些简单的道理，其实妙用无穷，可以帮助领导者在职场上无往不利。

正确面对成败

　　从艾格的经历看，他无疑是成功的，但这份成功的取得并不轻松。比如他有一颗登顶的心，但在作为 ABC 的 CEO 被并购进入迪士尼后，并没有得到迪士尼的时任董事长、CEO 迈克尔的信任，甚至一度被看作威胁。艾格在竞选新任 CEO 的过程中，被董事们集体质疑，也被迪士尼家族的罗伊不看好，甚至被社会公众及媒体分析人士视为"不合格的变革者"，但艾格通过自身的努力，一步步地带领公司走出困境，证实了自己的价值。

　　成功的道路有很多条，人们往往也愿意总结成功的经验，但对领导力的提升而言，失败的教训同样弥足珍贵。巴菲特的合作伙伴查理·芒格（Charlie Munger）曾经向大众分享了一句他奉为座右铭的谚语："如果我知道将会死在哪里，那我就永远不去那里。"言下之意，错误最好不要犯，这可能是避免失败的捷径，问题是，现实中的常胜将军是很少的。尽量减少犯错，犯错后能够及时总结经验，避免犯同样的错，这才是领导者应该思考的问题。

成功也有方程式：不抛弃、不放弃

洛克菲勒的成功方程式

　　洛克菲勒在给儿子的信中提到了他深信不疑的公式，即梦想＋失败＋挑战＝成功。

　　在洛克菲勒看来，失败并不可怕，害怕失败、精神破产才是最可怕的事情，他甚至将失败看作走向成功的开始。为了说明这一点，他举了两个名人的例子。

一个是记者对美国伟大的发明家爱迪生采访的例子。据说该名记者是来自《纽约时报》的年轻人，在采访中他问爱迪生："您曾经失败过一万次，您对这些有什么看法？"爱迪生的回答是："我并没有失败过一万次，应该说我只是尝试了一万种行不通的方法。"

显然，爱迪生的伟大，一部分可以归功于不怕失败的斗志（是精神的力量）。普通人可能很难有失败一万次的经验，更难有失败一万次还坚持不懈、最终取得胜利的经历。但至少，我们应该认识到，失败是成功的必经之路，不怕失败、乐观看待失败，并反思失败，才能成功。

另一个是美国总统林肯的例子。据说林肯生来一贫如洗，经商多次但并没有取得成功，还欠了很多的债，甚至需要花费十余年来还清这些债务。他的从政之路也坎坷不平，比如第一次竞选州议员就遭受失败的打击，还丢掉了自己的工作；第二次虽然竞选成功了，但随后竞选州参议员发言人又失败了，而且在以后的竞选中也经历了六次失败。但林肯的厉害之处或者说伟大之处，是每次失败之后他都力争上游。

如果对洛克菲勒的人生经历有所了解，就知道他是从簿记员开始做起的，并一步步走上石油大王的宝座。因此他的经验教训对财务人员、管理者都有借鉴意义。成功的人与没有成功的人相比，最大的区别就是，那些成功的人通常绝不放弃。

"动心忍性"面对失败

曾国藩被称为"中兴第一名臣"，翻开史书，你能够发现他曾经遭受过多次屈辱，比如在做京官时被京师权贵唾骂，在长沙办团练时被当地官员唾骂，还经历了岳州之败、靖江之败、湖口之败，但他仍然一次次站起来，充分体现了他的"动心忍性"之功。

财务人员会不会遇到挫折？这个答案不言自明。有些财务人员勤勤恳恳、兢兢业业，但不见得能够得到应有的待遇和职位。现实中，每个财务人员都奋发有为、充满激情、有满意的职业发展路径可能也不现实。参与决策的过程中，财务人员提供的分析框架和结论严谨、清晰，但领导可能置之不理。此时，财务人员要有足够的耐心，从而在一次次的挫折中吸取教训，在一次次与高管层的交流中学习到决策的精髓。

多年前有一部影视剧《士兵突击》，讲述了农村孩子许三多从一个为了逃离父亲责骂而当兵，从一个连长不要的"见到坦克举手投降的孬兵"，逐步成长为精英——A 大队骨干的故事。其中许三多所在的连队是有着响亮的口号（"不抛弃、不放弃"）和光辉历史的钢七连。史今班长很好地诠释了"不抛弃、不放弃"的理念，他对许三多的父亲作出了"将他带成一个堂堂正正的兵"的承诺，并在大家普遍不看好许三多的情况下，支持、鼓励、帮助、安慰许三多。我相信许三多应该感谢很多人，比如将许三多从草原五班调出来的王团长，又比如慧眼识英才、将许三多从解散后的钢七连收入麾下的袁朗，但他最感谢的人很可能是把他招入部队、对他信任而且提供帮助的史今班长。

勇于接受挑战

艾格在自传中讲述了他的职业历程，其中给我留下深刻印象的，是他完成了几乎不可能完成的并购皮克斯的故事。

在书的后记中，艾格专门感谢了他任职期间的 CFO，认为他及其团队能够取得诸多成就，离不开 CFO 的智慧、远见、战略及财务洞察力。在并购的过程中，要说服利益相关方，利器之一就是财务分析。应该说，CFO参与了决策的整个流程，为目标达成提供了数据支撑。

帮助艾格完成对皮克斯的并购的 CFO 是汤姆·斯塔格斯（Tom Staggs）。据说，汤姆第一次与艾格打交道时的身份，是迪士尼公司战略规划部的成员，而公司当时的政策是，任何部门的扩张、投资或开展新业务，都需要经过战略规划部的详尽分析，然后才能将可行性报告提交给CEO 作决策。换句话说，在艾格加入迪士尼前后，财务团队在决策中扮演着重要角色。艾格认为战略规划部的中心化决策职能，打击了公司各业务部门负责人的积极性，于是他在接任 CEO 后对战略规划部进行了重组，但 CFO 咨询及辅助决策作用并未因此削弱。

在中国香港的迪士尼乐园开业时，艾格参加了开幕式，在此过程中，他敏锐察觉了队伍中，近 10 年出现的卡通人物几乎都是由皮克斯打造出来的。但这是一种直觉，还需要通过财务数据的验证，于是艾格让 CFO 牵头，对公司的数据进行了梳理。结果显示，在过去的 10 年中，迪士尼在动画方面确实是亏损的，且这些电影对附属产品的销售也没有实质性的推动作用，而皮克斯的作品却广受欢迎，取得了很好的市场表现。因此这成为艾格并购皮克斯的重要动机。

从想法到实践，有着重重障碍，CFO 的支持和帮助不可或缺。艾格首先想到的就是和 CFO 汤姆沟通。从某种程度上说，并购皮克斯是一个大胆的想法。汤姆立即给出了风险警示，即乔布斯是绝对不可能把他视若珍宝的公司卖给迪士尼的；退一步说，就是乔布斯愿意，提出的价格也会非常高，这个代价不是我们或者说董事会能够承担得起的。

显然，艾格有想法、业务洞察力和敏锐性，但并购决策并未得到 CFO 的响应。作为 CFO 的汤姆，也许是职业本身的谨慎性，他条件反射般地发出了风险警示。但公司要发展，业绩要提升，仅仅拥有谨慎和质疑的态度是远远不够的，正如阿里巴巴 CFO 蔡崇信对风险的观点，"谨慎能够让我们活下去，而贪婪能够让我们活得好"。从这个观点来看，艾格是个好领导，汤姆的谨慎或保守，是出于对自己的一种保护，艾格已经把汤姆视为亲密的合作伙伴，两人之间有一定的信任。CFO 肩负受托责任，往往对公司董事会和股东负责。换句话说，CFO 不可能永远对 CEO 的想法言听计从，CFO 既要建立与 CEO 亲密的伙伴关系，还要保持相对的独立性，能够从专业的角度对 CEO 的提议给出意见，在发展中不忘谨慎。

在艾格的要求下，CFO 及其团队给出了详尽的分析，即公司过去 10 年的财务状况以及品牌调查，并通过 PPT 展示在屏幕之上，作为说服董事会的依据。数据的结论是清晰的，既有迪士尼推出的每部电影的票房及口碑，也有汇总的成本收益分析，从结果上看，这些电影的成本超过 10 亿美元，宣发投入也很多，但结果不太理想，投资产生的回报不高，广受赞誉的影片居然一部也没有。财务分析的要点之一是差异分析。数据显示，同期皮克斯打造的精品层出不穷，在创意和票房上可谓双丰收，而原因在于，皮克斯使用了数码动画技术进行电影创作，而迪士尼在这方面远远落后。除了财务数据外，还有市场反馈。迪士尼最重要的目标客户群体之一，是不满 12 岁的孩子的母亲。然而，品牌调查的结果显示，在该类群体中，皮克斯更受欢迎，被视为"对家人有益"的品牌，这方面迪士尼与皮克斯相比可谓望尘莫及。

用数据说话，这是财务的重要特征。当可视化的结果展现在屏幕上时，参会者的态度开始发生转变，大家意识到皮克斯在突飞猛进，数据分析、品牌调查的展示是如此直白，让董事会成员对双方差距一目了然。迪士尼公司的品牌是什么？从某种意义上说就是迪士尼动画，换句话说迪士尼动画的命运，就是迪士尼公司的命运，消费品、电视、主题乐园等衍生业态的竞争力，都建立在动画这一基础之上。CFO 及其所在的战略规划部，本来就着眼于公司的竞争力及未来发展的洞察，但在此决策过程中，是艾格的战略思考推动了 CFO 的调查和分析，显然，汤姆很好地执行了 CEO 艾格的要求，但如果汤姆能够提前对公司的整个生态有全面的掌握，甚至在艾格提出要求之前，就能够对迪士尼公司、迪士尼动画、消费群体等进行深入洞察，应该能更好地帮助 CEO 作决策。

用行动实现梦想

在整个并购过程中，从战略优先事项的确定，到并购方向的明确，再到说服董事会等，迪士尼有太多的硬仗要打。最终，在艾格的领导下，迪士尼用 74 亿美元的价格收购了皮克斯，乔布斯因此成了迪士尼最大的个人股东，拉塞特和卡特穆尔则成为迪士尼动画的操盘人。此外，并购带来了附属产品、游戏、主题乐园收入的增加，而且获得了与苹果公司进一步的合作机会。在这个过程中，艾格学习、成长了很多，相信 CFO 汤姆也得到了很大的提升。

在这个并购案中，艾格在其中表现出来的坚定、汤姆通过数据提供决策支撑都值得财务人员学习。看似不可能的事情，也许做起来并没有那么难。按艾格的说法，只要有足够的精力、思考及责任感，即便是最为大胆的想法，也终能成为现实。

承认自己的无知：尊重规律

领导力是一个宏大的主题，涉及的内容丰富，也有非常多的书籍对其进行阐述。领导力的很多原则是简单、朴素的，但要真正理解、应用，则需要当事人的悟性和实践，一些经验是"只可意会、不可言传"的东西。

名人勇于承认无知

曾国藩原本是个读书人，但因为时势所迫开始办团练、带兵打仗，在庚申年（1860 年）的日记中，曾国藩明言："古人以用兵之道，通于声律，故听音乐而知兵之胜败，国之存亡。余平生平于音律、算法二者，一无所解，故不能知兵耳。"显然，曾国藩是坦诚的，承认自己的无知，承认自己不能知兵，而且把原因归为对音律、算法不够精通。对领导力的培育而言，可能就需要找到纷繁复杂背后的规律，努力按照客观规律办事。

巴菲特与微软的创始人盖茨关系很好，但他一生没有买过微软的股票，原因在于巴菲特认为自己看不懂微软的生意。换句话说，巴菲特的投资原则中有一条，只投资那些能看懂的生意。如果看不出来公司十年之后会怎么样，那么巴菲特就不会去投资。应该说，巴菲特是睿智的，保持清醒，承认自己无知，从而避免了很多错误。

在巴菲特的传记《滚雪球》中，他称自己犯过的最大错误，不是做错了什么，而是应该做的投资却没有去做，其中就提到了微软。巴菲特非常明确地表示，他一直都搞不懂微软，搞不懂就去投资，那是违反他的投资原则的，因此虽然他和盖茨的私人关系很好，甚至有共同担任一些公司董事的经历，但却不会去投资自己看不懂的生意。承认自己的能力边界，对投资对象有深入的洞察，看不懂绝不出手，看得懂就尽量抓住机会，这可能是巴菲特投资成功的秘诀之一。

尊重规律，恪守本分

中国企业家褚时健一生经历非常丰富，先后从事过糖厂、烟厂的工作，后来又在哀牢山承包了 800 亩林地种起了冰糖橙，很多企业家去云南拜访他。在《褚时健传》中，褚时健曾对自己作了很多的评价，比如做事讲求踏实和认真，能够做到做哪一行就尊重哪一行。按照他自己的话说："我所做的，都是尊重规律，恪守本分。"

比如他在 2001 年之后，决定种橙子，这是精心选择的结果。一方面，农业是他一直接触的领域，小时候自家酒窖酿酒，再到在糖厂和烟厂工作，一直都与农民打交道，对农业非常熟悉；另一方面，橙子不仅味道、营养好，而且有很大市场空间。如果能够打造出本土品牌，进而改善农民的生活水平，那是再好不过了。

然而，要把橙子种好并不容易。一般人可能认为，农业的技术壁垒较低，只要春天播种，秋天就可以等着收获，这在褚时健看来是"懒人懒办法"，属于靠天吃饭。要真正做好农业，不仅要花费很多时间与精力，还需要勤动脑子。实践中，他不仅对哀牢山的天气、昼夜的温差有深入了解，而且对水源的选择、土壤的有机质比例、剪枝的频率、果树的挂果数量等进行了深入研究。播种、灌溉、剪枝、控梢、施肥，他每一件事都亲力亲为，针对每年出现的新问题，及时给出恰当的对策。

2005 年，褚时健发现橙子的口感太淡，果肉不化渣，就考虑从肥料的配比、浇水的频次、开花的时间等方面着手，抓好每一个细节。口味绝佳的橙子，是经过一次次、一点点调整优化而来的。通过工业化的管理、精细化的操作，历经七八年的时间，褚时健最终种出了具有清甜、化渣、容易剥皮、外形美观的冰糖橙，并得到了市场的认可；农户的户均收入，也从原来的每年不到 2000 元，增长到超过 10 万元。

褚时健在自传中称自己对规律有了新的认识。他本来以为自己对农业足够了解，也投入大量的时间和精力去学习、实践，但仍然被自然规律上了一课。2002 年开始种橙子，2009 年产量开始飞速增长，2014 年之前果园一直增产，而且产量逐年增加，因此他认为自己的果园没有所谓的"大小年"，但 2014 年那年，果园却出现了减产。

褚时健反思，减产有气候方面的原因，也有自然规律的作用，比如气候干旱、果树自身的"大小年"规律。果树在 2013 年结的果子太多，等到了冬天的时候，花芽的分化就不够理想，进而导致 2014 年的结果减少。尽管采取了一些措施，但仍然未能避免减产的后果。在他看来，这是自然规律给自己上的一堂课：要尊重规律，敬畏规律，并从规律中总结、提炼经验，基于规律来研究具体的应对策略。

此外，褚时健认为，自然规律和市场规律都要遵守，比如橙子的质量好，价格自然就高，但需要得到消费者的认可。在橙子投入市场的初期，因为有一些著名企业家帮忙推荐和亲自购买，大众就会产生猎奇的心态，跟着购买一些橙子。不过，如果橙子本身不好吃，或者说没有超越预期的口感，大家可能就只消费一次，后面很难有持续性的购买欲望。好吃、高品质才是橙子有市场、取得长期成功的立足点，因此褚时健告诫身边的人，不要陶醉于他人的赞誉，而要努力做好自己的本分，把橙子做好，争取每年的产量多点、味道好点、质量高点，还要考虑市场的竞争，在质量和价格方面能够胜人一筹。

敬畏规律，持续学习

褚时健的成功，是通过一次次的规律总结、实践之后取得的结果。按照他身边的种植专业技术人才、作业长郭海东的说法，褚时健最厉害的地方在于，他虽然此前没有学过柑橘的种植技术，但通过看书学习、不断在果园里仔细观察、在现场向作业长和农户提问，就在短短两三年的时间内，掌握了大量知识与经验，不亚于一些从事十多年种植的老手，且具有不言放弃的精神。

财务人员往往以专业示人，因此要培养领导力，首先应该提升专业技

能，但随着岗位的提升、工作范围的拓展、人际关系的变化，同样需要敬
畏规律。财务人员还需要掌握宏观经济运行和微观主体运营的规律，熟练
掌握并运用战略、风险、绩效等各种管理工具，同时还需要承认自己的无
知，对大数据、人工智能等新技术保持开放的心态，在勇于接受挑战的同
时，虚心向自然、社会、他人学习。

换个角度看木桶理论

领导力的一个重要体现是领导者带领团队不断取得胜利。在此过程中，领导者个人不仅要率先垂范，以身作则，还需要以愿景和使命来引领团队，这其中涉及个人魅力、洞察人性、建立规则并稳定预期等一系列因素。

在管理学中，有一个著名的"木桶理论"，其主要内容是把不同长短的木板组装成一个木桶来储存水，而一个木桶的储水量取决于最短的那块木板。对于领导者而言，要想避免水溢出，可以让木板具有相似的长度，或者增加最短木板的长度。这个理论给我们的启示在于，一个团队的竞争力往往不取决于所拥有的优势，而取决于弱点，因此领导者需要认识到这些弱点，并不断加以改善，以提升整个团队的竞争力和优势。

与之对应的是"新木桶理论"。与"旧"理论所鼓励的"补足短板"不同，"新"理论更强调"发挥长处"，即木桶并不局限于储存水。正如《庄子·逍遥游》所言，当惠子在为葫芦太大没什么用而苦恼的时候，庄子却批评他不善于使用大东西，比如可以将大葫芦作为腰舟系在身上，以此浮游于江湖。对一个木桶而言，使用者应该在充分认识木桶属性的基础上，考虑如何扬长避短，用人所长，充分发挥长板的优势。

用人所长还是弥补短板

领导者用人做事会涉及木桶理论中的短板和长板问题，尺有所短、寸有所长，在客观认识优势和不足的基础上，领导者的决策要点在于善用人所长，还是弥补短板。

如何看待李云龙老是犯错

电视剧《亮剑》中，主人公李云龙总是犯错。如第一次出场时，李云龙就因违反总部命令，没有从俞家岭方向突围，而是选择与坂田兵团正面对攻，虽然打了胜仗，但仍然受到八路军总部的处罚，被派去被服厂当了厂长；长征途中，被安排殿后的李云龙，因为粮食都被前面的部队买光了，李云龙筹不到粮食，干脆纵兵抢粮，结果从团长降成了伙夫。显然，李云龙很会打仗，但常常犯错，面对这样的干部应该怎么办？

李云龙以犯错、被处罚甚至降职来赢取胜利，引发了很多的争议和讨论。有人说李云龙没有规则意识，也有人说规则或制度存在局限性，无法对李云龙进行有效管理。华为的创始人任正非就曾明确表示，现实中没有完人，他也不会用完人，有缺点不怕，关键要意识到下属的长处，发挥他的长处。

股神佩服的人厉害在哪

股神巴菲特非常佩服的商人之一，是毕业于哈佛商学院并创建大都会公司的汤姆·墨菲。1985 年 3 月，大都会公司公告收购美国广播公司（ABC），就曾得到了巴菲特的鼎力支持。巴菲特宣称"与他（墨菲）合伙做事本身就是一件很有吸引力的事"，后来巴菲特又把墨菲引入伯克希尔哈撒韦公司担任董事。

墨菲的厉害之处很多，其中之一就是会用人。据后来担任迪士尼公司CEO 的艾格所述，墨菲成功的要诀，就是将聪明、正直、努力肯干的人招进公司，并把他们安排在责任重大的岗位上，然后给予这些人完成任务所需的支持和自主权。比如在大都会公司并购 ABC 公司时，时任 ABC 公司体育部和新闻部的主管鲁恩·阿利奇（Roone Arledge）非常有才华，但因管理理念的差异而与两位管理者产生冲突。尽管对花钱有不同的看法，但考虑到鲁恩的专业性，在工作上，墨菲及其搭档仍然对鲁恩尊敬有加，不仅批钱让鲁恩从竞争对手那里高薪挖人，而且让鲁恩担任 1988 年冬奥会的制片总监。一度准备跳槽的艾格也得益于墨菲慧眼识英雄，逐步从高级节目总监，一步步成长为 ABC 电视台的执行副总裁、ABC 娱乐的总裁。

墨菲能够顺利完成整合，在控制风险的同时实现了公司价值的大幅提升，与他用人做事的能力密不可分。

作为领导者，应该有自知之明，清楚认识到自身的不足，善用他人的长处，从而提升整个团队的战斗力。阿里巴巴的创始人就曾经明确表示自己不懂管理、不懂计算机、不懂技术、不懂财务，但自己的优点就是能够将聪明人汇聚起来，彼此合作成就大事；华为公司的创始人任正非先生，也曾宣称不懂技术、管理、财务，但并不妨碍他把公司打造成最具竞争力的公司之一。善于激励他人，能发现他人的长处，通过充分的授权发挥他人的长处，而不是刻意补足短板，是领导者成功的原因之一。

谁选择，谁负责

从理论上说，领导者的任务之一是打造团队。团队成员的背景不同、能力各异，但既然已经决定把这些部属纳入团队，作为领导，就要为团队成员的绩效、组织的目标等负责。

王熙凤有错，谁应该负责

如果选择成为一名领导者，就需要将整个团队乃至整个组织的利益放在首位，同时做好迎接挑战的准备。举个简单的例子，《红楼梦》里面的王熙凤，一方面具有卓越的管理才能，给人留下了深刻的印象，另一方面则又存在着对下人过于苛刻、挪用月钱以用来发放高利贷等缺点。那么，贾府的衰败，包括后来的被抄家，能不能直接归咎于王熙凤呢？王熙凤固然需要承担部分的管理责任，那么谁又应该对王熙凤的不当行为负责呢？在我看来，选择王熙凤、为王熙凤背书的贾母和王夫人难辞其咎。

王熙凤长期在关键岗位上任职，却没有必要的轮换机制及监督机制，贾母和王夫人有没有责任？站在今天经济责任审计的角度，王熙凤出了事，贾母和王夫人难辞其咎。站在领导者的角度，贾母、王夫人选择了王熙凤，就应该在意识上明确，她们需要对王熙凤的行为及后果承担责任。站在领导力的角度，选择做领导者之后，你就不仅需要对自己负责，还需要对部属负责，不仅要考虑所在组织的繁荣昌盛，还要考虑部属的幸福。

白老爷子的管理智慧

电视剧《大宅门》中，有一个情节在课堂上被我反复提及。原本当家的白家老爷子身体不好，把当家的重任委托给了二奶奶。结果上任伊始的二奶奶就犯了错，她在没有和老爷子商量的情况下，私自把自己家里修祖坟的银子拿出来一万六千多两，给宫里的常公公买了一个宅子外加两位姨太太。这件事情被白家老三知道了，他不顾可能会气死老爷子的风险，向父亲举报了二奶奶的不当行为。老爷子第一反应是：二奶奶不会这么做的。老爷子接下来向二奶奶当面求证，知道确实是二奶奶做的后，一口气上不来，昏过去了。大家手忙脚乱，赶紧救治。

老爷子醒过来的反应是什么？老三一脸得意神色，心想老爷子不会轻易放了二奶奶，应该会把二奶奶的当家权收回，甚至有可能把白家的财政大权交到自己的手上；二奶奶也自知有错，把当家的钥匙放在了老爷子面前的桌子上，意为引咎辞职。老爷子躺在床上咳嗽不断，其他人则面面相觑，不知所措。没想到，老爷子缓过来后的第一句话是："二奶奶已然这么做了，她就一定有这么做的道理，她也没什么不对的，谁当家谁说了算。她要做的事也不必告诉我，你们都回去吃饭吧。"他不但没有责怪二奶奶，还用颤抖的手拿起了桌子上的钥匙，交给了二奶奶。

在老爷子看来，当家理财的重任是自己亲自交给二奶奶的，钥匙也是自己亲手交到她手里的。现在二奶奶这么做的原因不明，事实是二奶奶在没有向自己汇报的情况下，私自挪用了巨额资金。如果说二奶奶有了错，超越授权也好，挪用资金也罢，谁负责？当然，白老爷子也对二奶奶的做法存有疑问，于是当天晚上将二奶奶叫到自己的书房进行了一对一的私下沟通。原来二奶奶这么做是为了找个靠山，希望能够和宫里新得势的常公公建立关系，但又担心老爷子反对，所以没有事先沟通。当时白家的药店已经被他人侵占，二奶奶将制药的三个关键要素（秘方、熟练工人和原材料）牢牢掌握在自己手中，一旦药店在他人手中出了问题，宫中就会过问，到时候二奶奶就有机会将药店夺回来。经过充分沟通，白老爷子和二奶奶之间的信任得到了加强。

善于用人，勇于担责

现实生活中也有类似的场景。比如阿里巴巴的创始人在中央电视台的一档节目《赢在中国》中发表演讲，提到了他创业初期因不懂财务而犯的错误。公司聘任了一位收银员，负责收取营业款，某年的 9 月 10 日，当天业务非常忙，估计营业额达 1100 元（20 世纪 90 年代初期，普通工人一个月的工资收入只有一两百元）。

但第二天早上算账，营业额只有 400 多元，这与大家的直观感觉差异太大。创始人立即开始查账。账实不符的原因是收银员监守自盗。创始人最后认为，这是公司的错，是制度的错，对于负责资金收支的员工，没有相应的监督及制衡机制，也没有建立相应的内部控制制度。

员工是公司的员工，岗位是公司设定的岗位，现在员工出问题了，首先应该检讨的不是员工，而是公司、制度、领导自身有没有问题，这就是对"谁选择、谁负责"的一种阐释。当然，员工也要对自己的行为及其后果负责，要勇于认错和担当。

每个人都可以拥有领导力，但能力大小有所不同，能够体现和应用的场景也不一样。理论上，不会有完美的领导者，领导力也是不断提升的。与一般的员工不同，当领导者在履职尽责的过程中，不仅要对自己的行为负责，还要对自己的部属负责。领导者学会主动承担责任，充分发挥部属的聪明才干，是逐步提升领导力的关键。

发生冲突怎么办

在 IMA 的领导力模块中，有一个名为"冲突管理"的要素，要求领导者能运用恰当的影响技巧和工具来解决问题，以实现组织目标，进而达成组织结果的最优化。现实中对冲突进行有效管理，可能是领导者面对的巨大挑战之一。

学会倾听：盍各言尔志

孔子的志向

在《论语·公冶长》中，孔子与两位弟子颜渊、季路（即子路）有一段精彩的对话。这两位弟子都是孔子非常喜欢的学生：一个以好学为名，是孔子心中的贤者；一个有直言不讳的特点，甚至敢于当面批评老师。两位弟子站在边上，老师提出了问题："盍各言尔志。"也就是说，大家各自说一说自己志向。

先看季路的答案："愿车马衣轻裘，与朋友共，敝之而无憾。"大致意思是，子路愿意把自己的财产与朋友共享，车马也好，衣服也罢，都可以拿出来让朋友使用，即使用坏了也不会有遗憾。

再看颜渊的思考："愿无伐善，无施劳。"意思大概是，我的志愿是不需要夸耀自己的好，也不去宣扬自己的功劳。

学生讲完了，也想听听老师的观点。孔子也没有藏着掖着，说："老者安之，朋友信之，少者怀之。"

　　子路在讲自己，颜渊拓展到他人，孔子的志向则覆盖了整个社会。如果把孔子看作一个老师，从这个角度来谈"领导力"，那他并没有将自己的意愿强加于被领导者颜渊和子路，而是通过提出问题、各自表达、言传身教的方式，来影响学生，至于如何选择，则是学生自己的悟性和实践的问题了。

　　志向虽有不同，孔子却没有强调大家志向必须一致。但如果拓展到公司的价值观、目标、产品、服务、管理理念、内部控制制度等，则可能有必要统一起来。

电影中的领导力隐喻

　　1939 年，美国有一部据称改编自莫泊桑小说《羊脂球》的电影《关山飞渡》，讲述了具有不同背景的 8 个人聚集在一辆马车上的故事，其中在一定程度上体现了目标达成一致的决策过程。当时，他们有一个共同的目的地，即影片中描述的"洛兹堡"，但沿途可能面临被他人攻击，负责安全的士兵仅能把他们护送到指定的中转站。只有一辆马车，接下去是继续旅程，还是选择回去，每个人面临着潜在的目标冲突。如何解决？用投票决定。此行中有 4 个人用枪，加上中途加入、准备到目的地找仇人报仇的林哥，用枪的一共是 5 个人；此外是喜欢喝酒的医生，如果清醒他可以射击；还有两位女士，一位是马洛里（Mallory）太太，她要去找自己的丈夫，路上太危险，大家本来想让她留下，但马洛里太太很坚决，她一路从弗吉尼亚过来就是要和自己的丈夫团聚，不愿再被分开；另一位女士达拉斯（Dallas），虽然被某些人看不起，但在此决策中她的意见得到了倾听，只不过她对继续旅程还是回去都无所谓；有一位名为"皮考克"（Peacock）的旅客，比较担心继续走下去看不到自己的兄弟，因此希望能够回到士兵处；唯一意见没有得到采纳的是马车夫巴克（Buck），决策者直接代他投了票，于是投票结果是少数服从多数，8 人需要继续旅程。

　　我们可以将电影之中决策的过程，理解为解决冲突的过程，即通过集体会议、大家充分沟通后投票。将其引申到领导力上，一个好的领导是"以爱为根基的、体现民意的独裁者"。换句话说，领导者最终是要拍板的；但这个拍板要建立在民意的基础上，要充分听取大家的意见；而倾听意见也好、决策也罢，领导者要"以爱为根基"，关爱团队中的每一个人，让部属感受到自己的付出和爱心。

规则是解决冲突的依据

民主的解决方式很容易理解。比如在 2012 年上映的电影《寒战》中，为争夺总指挥位置，时任警务处副处长的刘杰辉和李文彬之间发生了激烈的冲突，双方一阵互不相让的唇枪舌剑之后，甚至有警员试图掏枪，按照影片中李文彬的说法，"我当警察这么久，还没见过这种场面，如果发生在前线，这就是一场战争"。但是吵到最后，李文彬对试图取代其总指挥地位的刘杰辉说："你是不是想夺权，你够票吗？"这就是规则，用民主的方式来解决冲突。按照规则，刘杰辉要想替代李文彬指挥寒战行动，需要管理层的 5 票。

爱是解决分歧的根基

比较难的是"以爱为根基"。有时候，这种"爱"很难被冲突中的对方所认可，这就需要彼此间的信任，也需要双方之间真心的沟通，以获得彼此的谅解。前几年有一部热播的电视剧《大丈夫》，大丈夫欧阳剑就面临着要解决自己的女儿欧阳淼淼和妻子顾晓珺的冲突问题。

顾晓珺是时尚杂志社的副总编，好心安排淼淼到自己的单位实习，没想到淼淼未经顾晓珺的许可，以年轻人特立独行的思维方式，对一位记者的稿子进行了修改。修改后的稿子与原来杂志的风格有冲突，不知情的顾晓珺以为该记者不负责任，于是对着记者发了很大的火。受了委屈的记者当面敢怒不敢言，背后和其他同事倒苦水，认为这是由于顾晓珺是淼淼的后妈，所以她包庇淼淼而错怪自己。记者阴阳怪气的抱怨被淼淼听到，让淼淼觉得对方在指桑骂槐，而顾晓珺得知真相后，也对淼淼进行了严厉的批评，于是后妈和继女的情感出现了裂痕。于是欧阳剑把两位至亲召集在一起，倒上了红酒，开始苦口婆心地进行劝说。

作为冲突协调方的欧阳剑，此时可以看作是家庭中"领导者"的角色，他在指出问题的同时，希望双方坦诚沟通，他说道："一边是我的至亲骨肉，一边是我的红颜知己，人生得意不过如此，但我觉得咱们这个家，好像缺了点什么东西。"缺什么？缺了一点信任和体贴。顾晓珺先摊开来说："淼淼，你是以实习生的身份进的杂志社，未经别人的许可就修改别人的稿件，本身就是越权，是对他人劳动成果的不尊重，办公室一大半人都知道咱俩的关系。如果袒护你，别人会说领导没有一碗水端平；如果当面斥责，则会伤害到你的自尊心。"处于两难的境地，怎么办？

女儿的想法是："互联网时代，信息时时更新，杂志从印刷到出版周期太长，等到纸质版的杂志出来，观点可能就过时了。我写的东西，可能确实有一些歪理邪说，但这么写是为了吸引他人眼球，我这么干，是希望露两手给你（顾晓珺）的部属们瞧瞧，我这个实习生是有实力的，能给你争口气。"这么做有没有错？

欧阳剑的水平很高，先不说对与错，而是强调要先把彼此的动机、目的搞清楚。在听完双方的陈述之后，他进行了分析和总结，顾晓珺是为了维护女儿的尊严；而女儿是为了通过创新给顾晓珺争气。站在就事论事的基础上，双方是否有一些误会呢？假设顾晓珺当着众人的面斥责淼淼，作为女儿会不会认为这是顾晓珺为了服众、不得已而为之？反过来，在没有充分沟通的情况下，顾晓珺会不会认为淼淼的做法是为了让杂志社有一些创新、出发点是为了给自己争气呢？

如果答案是否定的，那么就归集到了要点上，即家庭成员之间彼此之间的信任、体贴。顾晓珺和欧阳淼淼之间是没有血缘关系的，是因为集丈夫、父亲两个角色于一身的欧阳剑而联系到了一起。如果要成为真正的一家人，不仅需要欧阳剑的从中调停，还需要后妈和女儿之间的共同努力。欧阳剑很清醒，他不是法官，也不是裁判；家不是法庭，更不是赛场。如果说红颜知己和亲生女儿之间有了矛盾，都来他这地方告状，等着欧阳剑表明态度，充当包公，对于双方而言可能带来的都会是失望。

　　欧阳剑不仅说"家"不是主持公道的地方，还说了"家"是亲情的纽带，大家需要融合、信任和体贴。于是大家达成共识，顾晓珺先道歉，认为自己不该背着女儿向父亲告状；女儿也不甘落后，"对不起，这是我错了，早知道给你添这么大麻烦，改稿前应该先征求你的意见"。于是冲突得以解决，家庭其乐融融。趁此机会，欧阳剑还给自己的家庭立了一个规矩，"以后咱们家，甭管碰到什么事，要彼此信任，不能互相纵容，绝对不能互相诋毁"。这就是欧阳剑的领导力，通过倾听，了解分歧和误解，并通过让彼此信任、理解来达成共识，以规则的确定性来应对环境的不确定性。相信两位女士在未来的生活中还会面临很多冲突，但有了信任作为根基，有了爱，那么很多矛盾就可以迎刃而解。

　　实践中，CFO 是领导班子的重要成员，同样需要扮演协调资源甚至解决冲突的角色。现实中有公司专门针对 CFO 开展领导力的培训，这有助于CFO 提升软实力。

CFO 的培训与实践

　　在实践中，有些公司会选择开设专门的培训班，将财务人员集中起来开展专题研讨，研讨的题目通常会涉及一些基本的概念，比如 CFO 是什么，CFO 的使命是什么，CFO 向谁负责，CFO 工作内容应该涵盖哪些，CFO 认为内控的重点在哪里等；也会针对实践中的困惑展开辩论，比如预算如何编制，计划如何支撑战略，绩效考核如何做，怎么计算奖金，如何将新技术运用于财务实践，人力资源管理的重点和挑战在哪里等。这些问题不见得有明确的答案，但通过讨论，大家可以有机会了解别人的观点、做法和经验，并结合自己的实际来明确未来的行动方向。通过"明辩之"，会对 CFO 的职责有更为清晰的认识，并在面对财务和业务之间的冲突、合规与绩效之间的矛盾、市场占有率和利润的权衡等问题时，形成解决问题的方法论，比如 CFO 可以运用规则的确定性和"爱的根基"予以协调解决。上述问题的答案明确了之后，对 CFO 的职责就有了清晰的认识。

强调"诚"字：反求诸己

诚信为本

《大学》开宗明义，强调"大学之道，在明明德"。怎么做到明？《中庸》说"诚则明矣"，也就是说内心真诚，自然能够做到明察事理，进而能够按照客观规律办事。《中庸》中该句完整地表述为："自诚明，谓之性；自明诚，谓之教。诚则明矣，明则诚矣。"说明人可以天生具有诚的品格，也可以通过后天的学习感悟而具备诚的道德，做到诚，就可以明察事理，洞察规律。作为高管之一，CFO 也需要协调处理内外关系，如和股东、债权人、工商税务、董事会、管理层、业务部门、下属员工等的关系，这些利益相关者都有不同的目标及利益诉求。如何处理好人际关系，同样面临很大的挑战。"诚信为本""诚实守信"都是 CFO 做人做事的底线。

从自身找答案

如果在交往中出现冲突和问题怎么办？儒家也给出了指导性的方针："反求诸己"。在《孟子》中，至少有两处对这个方针进行了阐述，一是"公孙丑"篇中论述道："仁者如射：射者正己而后发；发而不中，不怨胜己者，反求诸己而已矣。""仁"是儒家的核心要义，在孟子看来，要实行仁，就好比射箭一样，射箭的人先要端正自己的姿势甚至态度，然后才把箭射出去；箭射出去了，却没有射中靶心，则不应该埋怨战胜自己的人，而应该从自己身上找问题。

二是"离娄"篇的论述，孟子认为："爱人不亲，反其仁；治人不治，反其智；礼人不答，反其敬。行有不得者皆反求诸己，其身正而天下归之。"这段话的意思是：你爱别人，却无法得到他人的亲近，需要反思自己是否足够仁爱；管理他人，却效果不理想，要反过来检讨自己是否足够智慧；对他人彬彬有礼，却无法得到他人的回应，就要反思自己的态度是否足够恭敬。凡是自己的行为未能达到预期的目标，都需要反过来在自己身上找原因，是不是自己做到了足够的"正"。这段话与"公孙丑"篇中的"反求诸己"一脉相承，告诫我们要多从自己身上找原因、找问题，这样才有可能让自己不断进步，从而做到温良恭俭让、仁义礼智信。

宝玉与黛玉的冲突

《红楼梦》二十九回，宝玉和黛玉发生了冲突。因为张道士给宝玉提亲，宝玉心中不舒服，而黛玉说的话又被宝玉误会，认为她在奚落自己，于是一来二去，两个人产生了冲突。宝玉一怒之下把玉摔了，看到没摔碎，又找东西砸；黛玉一伤心，把吃的东西都吐了出来，还把玉上穿的穗子剪了几段，这个场面甚至惊动了贾母和王夫人。

按照小说的说法，宝玉和黛玉本来是一个心，"但都多生了枝叶，反弄成两个心了。"但事后各方的表现很有趣。先是黛玉开始反省自己："宝玉本来喜欢吃酒看戏的，现在（薛蟠的生日摆酒唱戏）反而不去，自然是因为昨天的事情在生气。或者是他看见我不去，他也没心思去。只是昨天千不该万不该，剪了那玉上的穗子。看来他是不愿意再戴玉了，还得我穿了（穗子），他才戴。"

然后是袭人劝说宝玉道："千万不是，都是你的不是。往日家里小厮们和他们的姐妹拌嘴，或者两口子纷争，你听见了，还骂小厮们蠢，不能体贴女孩儿们的心。今天（轮到你）也这么着了……依我劝，你正经下个气，赔个不是，大家照常一样，这么也好，那么也好。"

紫鹃也劝说黛玉："若论前日之事，毕竟是姑娘（你）太浮躁了些。别人不知道宝玉那脾气，难道咱们不知道的？为那玉也不是闹了一遭两遭了。"

宝玉不知道怎么想的，是直接行动起来，看到黛玉在哭，"笑着"走近床来，道："妹妹身上可大好了？"

显然，在冲突发生之后，冲突双方宝玉、黛玉，冲突双方的助手袭人、紫鹃，都是从当事人自身查找原因，检视自己有没有做错。做错了，则要想办法认错、弥补。于是各方和解，皆大欢喜，重归于好。

诸如宝玉、黛玉这样相亲相爱的关系，也会因为一些小事或误解而发生冲突。所以对于每天发生成千上万笔经济业务的公司来说，不同利益主体之间发生矛盾也在情理之中。一旦发生了冲突，我们应该学习黛玉、宝玉，首先要进行自我反省，查找自己在冲突过程中的不当之处；即使作为旁观者，也应该学习袭人、紫鹃，要努力劝说利益方重归于好，尤其是紫鹃，用"咱们"将自己和黛玉的关系拉近一步，站在共同利益的基础上更好地说服他人。

颜回的个人魅力

颜回是孔子的得意门生之一，也是我认为在品格和能力上出类拔萃、具有领导力的代表人士之一。

在孔子看来，重要的功课有 4 门，即德行、言语、政事和文学，其中德行排在第一位。在德行方面，颜回是排在第一位的（参见《论语·先进》）。在孔门弟子中有很多很厉害的人物，比如子路、子贡这样的学生，然而他们可没少受孔子的批评。颜回一般很少说话，也看不出他有多厉害的地方，好像与大家也没有什么显著的差别，但孔子却经常表扬他。

一是好学、会学。比如鲁哀公曾经问孔子，门人弟子中谁比较好学？孔子直言不讳："颜回。"原因是这个学生从来不迁怒于别人，也不会同样的错误犯两次（参见《论语·雍也》）。

孔子曾经问自己的学生子贡，"你和颜回相比，谁更胜一筹？"子贡回答说："我怎么能和颜回相比呢？颜回听到一件事情，可以知道十件事情，称得上是告往知来；我知道一件事情之后，只能推知两件事。"孔子接着说："确实不如啊！我和你的观点一致，是不如颜回啊！"（参见《论语·公冶长》）。

颜回看起来好像很笨的样子，老师讲的时候好像也没有特别的反馈，没有提出反对的意见或尖锐的问题，但他能够在课后自己下功夫，而且能做到举一反三，显然颜回属于大智若愚的人，难怪孔子说"回也不愚"了（参见《论语·为政》）。

二是品格高尚。孔子曾一再感叹颜回是一个贤人，《论语·雍也》："贤哉回也，一箪食，一瓢饮，在陋巷，人不堪其忧，回也不改其乐。贤哉回也。"学之不如好之，好之不如乐之，虽然生活条件艰苦，但颜回能够做到安贫乐道，自得其乐，这在孔子眼中是非常重要的品格。对于普通人而言，富贵后会考虑仁义，处于贫贱则容易忧虑，但颜回可以做到"箪瓢陋巷"不改其乐，是值得学习的榜样。

三是与孔子的价值观非常接近。比如孔子困于陈、蔡之间，知道弟子们心中有疑问，于是召集弟子谈心，先后有子路、子贡、颜回3个人参与问答。"既不是犀牛，也不是老虎，却带领大家疲于奔命，以至于落到如此地步，是我们的主张有问题吗？为何落到如此地步？"对于这个问题，只有颜回的答案让孔子满意。

在颜回看来，老师的政治主张太大了，导致这种主张注定无法被天下容纳。然而，即便如此，老师仍然在坚持推行自己的主张，没有被接纳有什么关系，不被接纳正说明老师是一个正人君子。如果说我们没有追求正确的道路，那是我们的不对；如果说我们的主张很正确，但是没有被当政者采纳，那是这些当政者的问题。不容有什么关系？不容更能体现出老师的君子之风！

听完颜回的回答后，孔子很开心，欣然笑道："有道理啊，颜家的孩子！假使你拥有许多财产，我给你当管家。"这也许是老师的玩笑之语，但也说明了两人的志同道合。孔子曾感叹道："用之则行，舍之则藏，唯我与尔有是夫！"（参见《史记·孔子世家》及《史记·仲尼弟子列传》）。

专业知识很重要，需要不断学习，但实际应用更重要，这也是为什么《中国企业家》杂志的宋志平先生建议，商学院的学生要向医生学习两样东西，一是"临床"，二是"会诊"。能否做到举一反三，能否将所学的基本理论运用于解决实际问题，是管理者面临的重大挑战。CFO的重要职能之一是参与决策，为决策提供专业意见，但很多决策是建立在假设、模拟、模型的基础上的，CFO应该有风险意识，能够像颜回那样"退而省其私"，及时总结归纳经验教训，找到其中的规律，努力做到"闻一知十"。

颜回不求闻达,安贫乐道,孔子不断地赞扬他,同学也认为比不上他,在困难的条件下他仍然也能够不改其乐,财务人员可以从中汲取营养,通过修炼诚明、自省、仁爱来提升自己的领导力。

8

案例与讨论

▶ ChatGPT 的建议

　　ChatGPT 大火之时，就财务领导力的主题，笔者与 ChatGPT 进行了对话，其中一个问题是，如何提升财务领导力。ChatGPT 给出五点建议：一是提高财务知识水平，二是拓展业务知识，三是提高沟通能力，四是掌握技术工具，五是遵守职业道德。事实上，上述答案同样可以归结为"能力"与"品格"，提升能力和塑造品格，仍然可以视为培育财务领导力的难点所在。

　　本章选取一些案例，从榜样的角度来对财务领导力进行解构，以帮助读者深入理解财务领导力，进而为有意愿提升领导力的读者提供借鉴。

寻找榜样

在曾国藩的日记中曾经写道"凡做好人，做好官，做名将，俱要好师，好友，好榜样"。在财务领导力的培育上，领导者同样需要借助良师益友的力量。

课堂上，我经常问的问题是：在《射雕英雄传》中描述了东邪、西毒、南帝、北丐、中神通五大绝世高手，如果在其中选择一个做领导，你会选谁？为什么？如果选择一个做财务领导，你会选谁？为什么？这是开放性的问题，没有标准答案。

找到对标的对象，思考、践行你所认同的领导力原则，既可以是能力方面的，也可以是价值观领域的。你认清了自己的位置，也找到了对标的对象，就找到了领导力培育的努力方向。

他为什么功劳最大

根据《史记·萧相国世家》的记载，汉五年，项羽被杀，刘邦得了天下，绩效考核却面临很大挑战。最后刘邦拍板，认为萧何的功劳最大，将其封为酂侯。

大家对萧何功劳最大这一点似乎并不认同。功臣皆曰："臣等身披坚执锐，多者百余战，少者数十合，攻城略地，大小各有差。今萧何未尝有汗马之劳，徒持文墨议论，不战，顾反居臣等上，何也？"意思是，大臣们都觉得自己的功劳比较大，因为他们穿着铠甲拿着武器在战场上厮杀，多的打了一百多场仗，少的也干了几十回仗。萧何躲在后面动动笔墨嘴皮子，一场仗没打，最后功劳却最大，这是为什么？

刘邦的沟通能力开始展现："你们知道打猎吗？"大家说："知道。"刘邦说："打猎的时候啊，在场子里追杀走兽的是谁呀？是狗。告诉狗走兽在哪里的是谁呀？是人。现在你们虽然功劳很大，但仅仅抓到'走兽'，功劳相当于打猎的'狗'；萧何负责告诉大家哪里有走兽，这个功劳是打猎里的'人'。简单一点，狗怎么跟人争功呢？"那么，萧何干了什么"文墨议论""指示兽踪"的事情呢？按刘邦的说法：镇国家，抚百姓，给馈饷，不绝粮道。就是说，刘邦在前面打仗，把自己的老家都交给萧何了。老百姓没出乱子，后勤保障更是做得没话说。显然，萧何的行政管理、财务工作都做得很漂亮。其实，还远不止这些。萧何至少有两件事值得称赞。

一是萧何向刘邦推荐了韩信

历史上有"萧何月下追韩信"的故事。就是说韩信跑了，是萧何去追的。韩信很有名，但最初混得并不如意。他先跟着项梁，结果不受重用；又跟着项羽，也只做到了郎中，而且多次向项羽献计献策，不过项羽都没当回事。最后韩信来到刘邦军中，尽管有所建树，不过给了个"治粟都尉"的官职。

显然，刘邦也没有重用他，只是给了一个管理粮饷的事务官，搞得韩信郁郁不得志。

萧何与韩信接触下来，知道这是个人才。等到了南郑，很多人都离开了刘邦。韩信因未得到刘邦重用，也跑了。萧何知道之后，第一反应是这个人才不能放掉，于是来不及告诉刘邦就去追了。

萧何将韩信追回，又向刘邦作了解释，刘邦听从萧何的建议，选个好日子，沐浴斋戒，搞了个隆重的拜将仪式。后来的故事大家都知道了，韩信是"连百万之军，战必胜，攻必克"，为刘邦打败项羽立下汗马功劳。

二是萧何取得了治理天下的基本数据

当年项羽和刘邦要名正言顺地打大秦帝国，就找了个名义上的领导——楚王。

楚王在分配任务的时候明确说：你们就去打吧，我在后方支持你们。

谁先打到关中，那么谁就是关中王。结果项羽靠硬碰硬，一路上打得很辛苦。刘邦用了儒生郦食其和张良等人的计策，基本不打，到处受降。所以，先进入咸阳的是刘邦。

进城之后，别人忙着拿金银珠宝，萧何不一样。他先到丞相府，把"基础数据库"给端了。什么是基础数据库？就是天下的山川形胜、户口图籍之类的材料。

地图很重要。地图可以用来指示兽踪。所以，将来刘备和项羽再打，就有了竞争优势。将来治理天下，这些数据更重要，人口分布、物产多寡、收税方式、征兵方式，都有章可循。

萧何不仅做好本职工作，比如"给馈饷，不绝粮道"，还做了本职工作之外的事情，比如给刘邦提供了重要的资源：人才和数据。

当然，萧何的故事远不止于此，比如说刘邦死后，萧何也生了病，这时候即位的孝惠帝问萧何："君即百岁后，谁可代君者？"萧何不敢越位，回答："知臣莫若主。"也就是说，这是您的权限，您最清楚谁合适。孝惠帝又问："曹参何如？"要知道，萧何向来和曹参互相看不起，但领导确定了，萧何是大力赞成的，答："帝得之矣！臣死不恨矣！"显然，萧何决策以公事为先，将私人恩怨搁在一边。

怎么判断一个人是不是好 CFO

王熙凤是好 CFO 吗

我问："《红楼梦》中，如果选一位当 CFO，你会选谁，为什么？"很多学员都给出了王熙凤这个答案，那么王熙凤真的是一个好 CFO 吗？

在我看来，几乎每个组织都有一位 CFO，每一位 CFO 都有或强或弱的领导力。好 CFO 很难有一个放之四海而皆准的标准。"好"是利益相关方的评价结果，是在一定环境下能够满足需求方期望的产物。随着环境变化、需求变化，对 CFO 的评判标准也应与时俱进，但不变的应是通过财务分析支撑决策的需求、能够获得利益相关方的信任，并具有道德水准和领导力。具体评价方面，可以考虑从做事、做人两个维度展开。做事方面，有胜任能力，可以表现为有数字思维和洞察能力，能够打造一个作风优良的财务团队，并能够为所在组织不断创造价值；做人方面，体现出领导应具备的人格魅力，有诚实、正直、令人尊重和信服的一面。

按照这个标准，我们可以评估王熙凤是否是好 CFO。

王熙凤做事能力一流

作为荣国府的内务管家，王熙凤的财务主管地位毋庸置疑，其能力更是得到贾母、王夫人甚至全体人员的一致认同。这种能力可通过 3 件事情得以体现。

协理宁国府办理秦可卿丧事展现出的管控能力

王熙凤不到 20 岁，不识字，更没有经办过大型红白喜事的经验，但在贾宝玉推荐、贾珍请求的情况下，欣然应允此事，虽然有卖弄才干之嫌，但其果敢、决断的能力显然是得到众人认同的。既然把事情揽了下来，详思慎行必不可少，在综合考虑了宁国府的风俗之后，王熙凤通过钉造册簿、职责分工、监督检查等一系列制度安排，做到威重令行，尤其是在迎送亲友的一个人来迟之后打了 20 板子、革了一个月钱粮之后，让宁国府中的人真正认识到了王熙凤的厉害，此后不仅偷安窃取诸弊消失，大家做事的态度也开始兢兢业业起来，可谓不负贾珍之重托。

在处理刘姥姥进荣国府"走亲戚、讨好处"的过程中应对得当

因家中贫穷、冬事未办，刘姥姥想到了 20 年前曾经连宗的金陵王家，并通过王夫人的陪嫁丫头周瑞家的安排，见到了王熙凤。对从未一见的亲戚，王熙凤未取擅自做主，而是让周瑞家的汇报王夫人，在得到"别简慢""裁夺"处理的授权后，给了 20 两银子的冬衣钱和雇车的吊钱，这才有了刘姥姥二进大观园，乃至后来的"积善、余庆"的故事。在这件事情的处理上，笔者认为重要的不是王熙凤给了 20 两银子的冬衣钱，而是怜贫恤老，王熙凤给刘姥姥奶孙两人的雇车钱，在某种程度上反映出王熙凤的

尊老爱幼、推己及人的做人本质。此外，给海棠诗社的"赞助费"，典卖大铜锡器、自鸣钟和金项圈填补亏空等，都在一定程度上表明王熙凤对人的体贴和对钱的态度，值得他人学习。

接受贾母检查时体现出的业务洞察能力

贾母8月过80大寿，自7月上旬送寿礼的人就没断过，开始的时候老太太还高兴瞧瞧，但后来烦了就不再过目，只是"叫凤丫头收了，改日闷了再瞧"。过了几天，贾母突然就问"前儿送礼的，有几家围屏"，这简直就是一场突击考试，很多人可能都会出一身冷汗。但王熙凤的应对则真正体现了一名CFO的应有品质，不仅一口报出了16家的数字，而且明确"有十二架大的、四架小的"，甚至精确描述了两件头等围屏的材质、工艺等信息，体现了王熙凤的数字思维和业务洞察能力。

除此之外，在调配红玉、激赏探春、培养平儿方面，王熙凤愿意给他人机会并赞赏他人，体现了她识人、用人能力，也可以视为领导力的体现；在袭人回家看望母亲而王夫人无暇顾虑周全之时，王熙凤把自己的大毛褂子给了袭人以免有失体面。这些细节都说明王熙凤待人行事往往能从大局着想，并非吝啬刻薄、目光短浅之人。

王熙凤品格存在争议

事实上，从王熙凤对待刘姥姥的态度，以及对待小姑子、小叔子的做法等方面，体现了关爱、镇定的特征，但与此同时，在对待金哥、尤二姐的处理方面，又体现了她冷酷无情、贪财害命的一面，充分体现了人的复杂性。从三人的描述中，或许可以窥得一二。

王夫人的陪嫁丫头周瑞家的描述

刘姥姥一进荣国府时，与周瑞家的有一段闲话。按照刘姥姥的说法："这位凤姑娘，今年不过十八九岁罢了，就有这等本事，当这样的家，可是难得的！"周瑞家的回复是："年纪儿虽小，行事比世人都大……少说着只怕有一万心眼子……就只一件，待下人未免太严些。"从中可以看出，王熙凤聪明绝顶、思虑周全，但对下人过于严苛，未能真正做到恩威并施。

王熙凤协理宁国府管理内事时，府中都总管赖升的评判

在获悉委请了凤姐，赖升即召集家人并与之沟通："如今请了西府里琏二奶奶管理内事，倘或他来支取东西，或是说话，小心伺候才好……那是个有名的烈货，脸酸心硬，一时恼了不认人的。"这说明，在管家眼中，王熙凤严刑峻法、不讲情面。

贾琏偷娶尤二姐后，其心腹小厮兴儿对王熙凤的评价

"……除了老太太、太太两个，没有不恨他的，只不过面子情儿怕他……'嘴甜心苦，两面三刀''上头笑着，脚底下就使绊子''明是一盆火，暗是一把刀'……"显然，在这个兴儿眼中，王熙凤笑里藏刀，人前一套人后一套，下人只有"怕"，没有"敬"。

综上所述，王熙凤做事的能力毋庸置疑，但在做人方面缺少人情味，属于"寡恩"之人，称不上一个好的 CFO。

CFO 向凤姐学什么

从人物刻画的角度看，《红楼梦》无疑是一部伟大的小说，而王熙凤更是其中的代表人物。从做事的能力、做人的品格看，凤姐为 CFO 培养和提升财务领导力提供了一个生动的样本。

做事方面，应努力做到让人放心

王熙凤的厉害之处，在于做事的能力得到了上级（贾母和王夫人）、平级（李纨和尤氏）、下级（平儿、周瑞家的）等普遍认同，尤其是在协理宁国府过程中，充分体现了她的学习能力、掌控能力等。正是因为事做得漂亮，进而取得了各个利益相关者的信任，做到了"有为"与"有位"。

做人方面，是考验领导力的重点和难点

王熙凤的能力有目共睹，但品格方面却有一些瑕疵，或者说有一些改进的空间，这可能也是她的判词中"机关算尽太聪明，反误了卿卿性命"的一个注解。

因此，CFO 可以学习王熙凤的担当精神、敬业态度、敬老爱幼等优秀品格，对其不足之处引以为戒，比如对下属宽厚一些，做到恩威并施，以恩为主；让下属的"怕"少一点，"敬"多一点。

领导为什么夸他是人才

参与决策

中央电视台有一档广受欢迎的电视栏目《对话》，在 2010 年曾经做过一期"解密首席财务官"的专题，邀请了当时的中国神华能源股份有限公司财务总监张克慧、中兴通讯首席财务官韦在胜、吉利股份有限公司的 CFO 尹大庆 3 位专业人士探讨 CFO 之道。应该说，这 3 位 CFO 在节目中表现出了极高的专业素质，他们在各自的岗位上都作出了卓越的贡献。

当年的吉利风头正盛，花费巨资将国际著名的汽车品牌沃尔沃揽入麾下，媒体对此进行了大量报道，而其中 CFO 扮演了重要的角色，尹大庆成为媒体关注的焦点。在节目中，尹大庆对此进行了一些解读，比如他透露，早在 2007 年，公司就有了正式收购沃尔沃的想法，而那时候如果要去并购，需要支付的对价为 70 亿美元左右。在此过程中，可以看到 CFO 尹大庆也参与了重大决策的过程。

通过专业创造价值

想法到落地，或者说战略到执行，还有很长的路要走。财务需要做的事情很多，比如说要对交易对手有一个初步的评估，内容涵盖交易对手有多大规模、现状如何、发展的潜力有多大等。要弄清这些事情仅仅依靠首席财务官是不够的，换句话说，不要想着 CFO 有三头六臂，也不要想着 CEO 一句话就能把理想变成现实，这需要整个团队的努力。

尹大庆认为，首先要组建一个专业的团队，还需要聘请财务顾问。为什么要花钱聘请外面的财务顾问呢？原因在于顾问作为第三方，无论是声誉还是能力上都经过市场的检验，他们会更加专业、更为客观地评价一个企业的价值；因为是第三方，他们做事会更公正，不会像买卖双方那样有着各自的立场。如果聘请了这样专业、公正的第三方，他们会把掌握的实际情况如实提供，不会隐瞒，而且这也是当时比较流行的一种做法。换句话说，第三方财务顾问的价值得到市场认同，聘请第三方顾问成为国际并购的一种惯例。

除此之外，尹大庆给出了一个非常重要的观点，他认为对一个企业的价值判断，是首席财务官最重要的工作。就此项并购而言，站在吉利的角度，首先应该作出的判断，是沃尔沃是否有价值。

尹大庆非常明确地指出，当沃尔沃的支付对价为 70 亿美元左右时，他是不同意购买的，而是要继续和交易对手谈判、沟通。投资的原则是以"好"的价格来购买"好"的标的，是价格重要，还是标的重要，涉及不同的投资哲学。显然，尹大庆认为价格是财务人员必须考虑的因素，而也正因如此，当最终吉利以 18 亿美元买下沃尔沃时，财务的价值创造力就得到了体现。

从买资产到过日子

尹大庆还用了一个形象的比喻："我们要用过日子的方法去算账。"结合沃尔沃的现状，相关的车型在欧美市场表现很好，只要卖到 36 万辆以上，欧美市场就可以保本了；而中国市场要比欧美市场更为庞大，也有非常强的汽车市场发展潜力，如果沃尔沃顺利进入中国，应该会赚钱。这是对管理会计中本量利模型的灵活运用，更是对我国汽车市场的信心体现。吉利并购沃尔沃后还是要继续过日子，这时候 CFO 要算账，其中很重要的一点，是发现潜在的价值。

当然，标的好，价格也很合理，并非万事大吉。CFO 还要思考，相关的价值判断是否正确，如果涉及模型、参数、估计、判断，是否存在不确定性，公司对战略、决策是否坚定等；尤其是并购所需要的资金从何而来，手中的资源是否足够，能否找到同盟者一起进行收购以分担资金的压力及潜在的风险，并购后标的公司能否按预期顺利产出价值等。

有媒体报道，并购完成后，吉利的董事长李书福拍着尹大庆的肩膀说：

"人才有两种，一种是我这样的决策人才，一种是你这样的管理人才。"
这可以理解为董事长李书福对尹大庆的一种褒奖。

事实上，尹大庆在 2004 年 5 月加盟之初，公司面临着很多的挑战，
比如要想做大品牌、解决资金短缺等问题，就有必要上市开展资本运作，
这就要求完善公司治理结构、再造业务流程、降低成本、去库存、推出新
车型等。据说当时吉利的旧车型虽然供不应求，但整车卖出的价格低于零
部件采购的成本价，而因自身资金链的紧张，公司被迫以整车来抵债，这
就导致了供应商用拿到的整车来低价变现，进一步拉低了吉利汽车的价格，
形成恶性循环。

要把公司的存货变现，把旧车型淘汰，还要推出符合市场潮流的新车，
而新车的研发、设计、生产、销售等都需要资金。于是，公司设计了双赢
的策略，比如公司要转型升级，就可能对已有的供应商进行筛选，吉利是
"皮"，供应商是"毛"，双方其实是一荣俱荣、一损俱损的关系。吉利
的竞争力，很大程度上来自"薄利多销"的市场地位，要获取利润，就需
要零部件成本降低；要改变吉利的形象，就要引进更为先进的设备、选择
质量更为可靠的供应商。这是典型的"既要、又要、还要"，既要供应商
质量可靠，又要供应成本降低，还要能满足吉利推出新车的需求。吉利给
出的选择是，供应商需要降价，才有可能继续留在吉利体系内，降价幅度
达到 10%，那么就可以得到 60 天账期的付款条件；降价 15%，则可以将
账期缩短至 45 天，而且以现金付款而非整车抵债。

这个策略执行下来，据说在 2004 年 10 月，公司就成功达到了整体零
部件价格降低 15.8% 的目标；仅仅当年的第四季度，公司就节省了上亿元
的零部件采购成本。除了供应商付款条件的调整之外，还对经销商进行了
制度优化，即将公司现有的库存旧车型进行评估，按评估价格批发给经销
商进行零售，并根据经销商的付款条件，给出不同的优惠条件。于是在 2
个月的时间内处理掉了公司 4000 多辆库存车，并以经销商支付的货款，
来支付新车零部件供应商的款项，让公司整个资金链条顺利运行起来。

从尹大庆 2004 年 5 月加盟到 2010 年完成沃尔沃并购这段时间的经历

看，他对吉利汽车的战略、投资、运营、财务等各个领域都有深入的介入。并购沃尔沃过程中，无论是谈判价格的确定，还是并购款项的融资交付，同样体现了 CFO 的价值发现和价值创造能力。难怪董事长李书福要拍着他的肩膀，感叹他是人才了。

张总是个好 CFO 吗

部属和领导视角不同

每年，上海国家会计学院都会迎来很多企业的委托培训项目，本人也有幸承担了部分班级的授课任务。张总是参加我们学院培训的一家国有企业的 CFO，而这个班上的学员都是来自该企业不同分子公司的财务骨干。

课堂上，我抛出了一个问题："身边有没有您认为好的财务领导？"本意是想让大家能够在身边找到学习的榜样。一位年轻的李姓学员举手回答："有！张总就是我心目中的好领导。"听到这个明确的答案，我立即来了兴趣，接着抛出了下一个问题："张总在吗？"这时候一个声音在第一排响起："在！"

通常情况下，财务人员可能是因为职业习惯或者说谨慎，很少愿意坦诚地表达自己的观点。李同学和张总的直率给了我很大的惊喜。我转身对第一排的张总说："太好了，还要请您稍等一下，我要先问问这位李同学。"然后对李同学提出下一个问题："您为什么认为张总是一个好领导？"

李同学很直接地回答道："因为他有担当精神，也非常会激励他人。面对实务工作时，张总愿意给我们年轻人机会，而且每次对我们的工作都寄予很大的期望。作为他的直属下属，给我印象最深的话就是他的口头禅'大胆干，有什么问题我担着！'这让我们很踏实，也愿意在工作中尝试创新，敢说敢干。"

我转过身询问张总："您的下属说您是个好领导。作为当事人，您认为自己真的是一个好领导吗？为什么？"张总也很坦诚："我认为自己是一个好的财务领导！理由是我刚加入公司时，公司是亏损的；而我到岗后，通过自己的一系列努力，当年公司就实现了扭亏为盈的目标！"

　　显然，张总是一位好的领导，李同学和张总本人在这一点上是有共识的。只不过他们给出的理由并不一致。在李同学的眼中，张总之所以好，主要体现在有担当、会激励，愿意给年轻人尝试的机会，这可以视为"品格影响力"；而在张总心中，是因为自己帮助组织扭亏为盈，是个人能力。显然，李同学和张总的回答，非常完美地阐释了领导力的定义。领导力是什么？是品格加能力。只不过不同的人关注的焦点存在差异。比如团队成员认为，能力可能并不是那么重要，领导得好更多体现在品格方面；而在领导个人眼中，能力则是第一位的，领导应能够为企业真正创造价值。

重要的是做出利润

　　我继续提问："张先生，如果不涉及商业机密，你愿不愿意向大家分享一下，找一两个场景或事件即可，你是怎么帮助公司扭亏为盈的？"张先生非常坦诚地举了两个例子："可以。第一，我对预算进行了分析，发现每年的维修费都比较高，而下面很多的部门、公司都有金额不等的维修费预算，从切身的体验看，有些维修年年进行，必要性存疑。于是，我对维修费预算的制度进行了微调，即预算照报不误，但在实际支出时增加一个审批环节，该维修的必要性、经济性如何，要给出有力的证据来说服我。这就像水池一样，你可以放进来很多个水龙头（编制申报费用开支），但要放出去，就只能有一个水龙头（审批执行）。结果一年下来，发现很多的维修是没有必要的。相对应的，这笔经费也就节省了下来，自然而然转化为了利润。"

　　"第二，公司是生产化工品的，需要购买很多的油料。我对投入产出又进行了一些分析，发现有些油料的投入产出有些不匹配，追根溯源，可能是采购环节有些问题。于是我牵头，组织了采购、财务、库房、审计等部门，对采购的原料进行了突击检查，结果发现公司的验收环节有问题。原来我们是按桶来验收的，一桶油默认为 220 千克，而实际度量下来，一桶油往往只有 180~190 千克，平均下来相当于多支付了至少 15% 的采购成本。因此在追回损失的同时改变了采购货物的验收方式，按实际重量计量付款。"

财务人员不仅是做账的，还要会低头思考、抬头望路。企业最重要的是什么？按照日本稻盛和夫先生的观点，是做出利润来。怎么做出利润？是收入最大化、费用最小化，是要对业务有深入的洞察，了解和熟悉业务。张总的着力点放在了费用最小化上，通过预算分析，找到了维修费的漏洞，把这个漏洞堵上，就自然而然节省了费用，进而转化为了企业的利润；还通过投入产出比发现了存货中的异常，不仅如此，还牵头组成联合工作组，通过现场检查的方式，找到问题所在并提出解决方案，在此过程中，财务领导力得到了自然而然的体现。

对于财务领导力而言，领导和部属的着眼点也有所不同。财务领导，要有出众的工作能力，不仅要会价值度量，还要会价值发现和价值创造，要对业务、经营、数据、管理等有敏锐的洞察力；此外，还要在与上级、同级、下级的交往中发挥影响力。

改造学习

每个人都或多或少地拥有领导力；而财务领导力，则是在领导力的基础上，突出财务人员的职业道德和胜任能力。要培养和提升自身的财务领导力，可以从学、习、训、练的角度着手。学，不仅要向书本学、向身边的人学，还要向实践学；习，则需要将学到的知识不断付诸实践，在实践中检验；"训"指的是思想、品格，"练"指的是技能，要不断地将自身所认同的品格、能力通过身体力行不断予以提升。

实事求是

实事求是是一种态度，更是一种行事准则。"实事"就是客观存在着的一切事物；"求"就是研究；"是"就是客观事物的内在联系，即规律性。

实事求是的基础是认清现实，就个人而言，可能涉及自身的学识、经历、所处的环境、职业规划的路径、是否有意愿和能力成为财务领导等。然后在此基础上，进一步探求领导力的构成要素，以及好财务领导的成长路径。

领导力需要感悟规律

规律就在那里，有些人通过研究、探求认识到了规律，而一些人则因为种种原因并没有认识到。规律是客观存在的，但如果说仅仅由他人告知，而自己没有感悟，则会认识不深或感触不深。只有自己悟到、感受到，才是自己的。对领导力进行讨论的书本很多，财务人员对很多的模型、原则也耳熟能详，但是否能够对这些客观存在的事物背后的规律有清晰的认识，则有赖于每一位财务人员的亲身经历和切实感受。

站在财务的角度，财务人员需要了解自己的工作职责、使命和价值观、财务与业务的关系、宏观经济的发展趋势、行业周期及特征、企业的核心竞争力和战略、管理会计的工具、新技术的应用前景及影响等各种知识，但更重要的是跳出日常工作，思考、认识、掌握客观事物背后的规律，依照规律行事。

通用汽车的生产计划

在 20 世纪 20 年代，美国的汽车行业竞争非常激烈，通用汽车和福特汽车之间的竞争尤为激烈。福特汽车采用低成本战略，推出单一车型；而通用汽车则采用差异化战略，推出针对不同客户特征的车型，这可能是通用汽车能够打败福特汽车的一个重要原因。

从理论上说，"实事"也可以说是正在发生的事。对通用来说，面对福特汽车的激烈竞争，通用汽车存在车型多、拨款超限、库存积压等一系列现实问题，要将差异化战略落实到位，财务部门需要在预测、预算、资金、生产等方面全面介入。在此过程中，财务扮演了重要的角色，体现了实事求是的态度。

举个简单的例子，公司需要制订未来一段时间的生产计划，而预测的关键因素是销量。站在预算的角度，可以理解为"以销定产"，即只有对市场进行准确的预测，才能够结合库存情况决定需要制造的汽车的数量，进而延伸到在指定日期提供既定数量的车辆，以及为此所需的物料的准确数量等。

公司建立了严格的预算制度，比如：将预测销量的责任下放给各个事业部的总经理，原因是在扁平化组织架构下，事业部离消费者更近，对销售趋势的了解也更深；此外，要求各事业部总经理在每月的 10 号、20 号、月底提交报告，以反映每个车型的真实销量，以及对比分析月底有多少在手订单、工厂有多少产成品库存、经销商手中还有多少汽车等。

在实际操作中，这种制度安排仍然出现问题，原因在于公司对零售环节失去了控制。比如公司知道各事业部向经销商发了多少车辆，但并不知道这些汽车实际的销售速度，换句话说，零售渠道的数据并不在公司的掌控之中，而缺少了这部分信息，就会显著影响公司对市场趋势及其变化的敏感程度。最终导致公司在预测销量时，所使用的基础数据存在失真的风险，且数据的及时性也存疑。

当时通用汽车的财务负责人是唐纳德·布朗。相关数据显示，1923年，公司和整个行业积压在经销商、分销商及分支机构手中的汽车大大高于以前年度，在该年度之后的 4 个月中，公司的产量上升了 50%，与此同时销售到终端消费者手上的汽车却减少了 4%。据此 CEO 斯隆要求部分车型大幅削减生产，但管理层中仍有人坚持认为销售数据表现不佳是恶劣天气的缘故，一旦天气好转，销售将重现火爆局面，到时候生产可能无法满足市场需求。

这可以视为财务与业务部门产生了冲突，这个矛盾如何解决？通用汽车在 CEO、CFO 的牵头下，对一些经销商进行了考察。汽车是实物资产，很容易观察，到了现场发现经销商手中闲置了大量的汽车，几乎每个地方都存在存货严重超限的问题，这时候通用汽车要求事业部即刻进行生产削减。

走到业务一线，才能够掌握实际信息，进而有助于决策。但这种决策往往是短期的，如何从本质上解决销售量预测的难题，如何将分销商的数据纳入决策基础数据集，还有很多的工作要做。这时候，财务团队就有必要联合业务部门，将最终消费者的订单数据纳入生产计划的制订过程中，而不是仅仅停留在交付给经销商汽车的数量上；此外，还要对一些基础性的问题展开研究，比如如何根据消费者的履约交付数据来对生产需求进行预测，如何建立起正式的客户需求估计机制，等等。

当然，预测永远是个难题，直到今天公司可能也无法对充满不确定性的未来进行完美的预测，但经过对汽车市场的调研、对基础数据库的完善、对模型的不断迭代优化，仍然可以对影响汽车消费市场的一些规律有所掌握，进而在生产计划安排、供应链管理等方面作出恰当的安排。一旦认识到了背后的规律，也就掌握了"实事求是"的"是"，按照规律办事，就有可能做到预测准确，计划也就有底气，预算的量化结果也就有意义，核算才能真正起到作用。财务的影响力体现在计划、预算、核算、考核的每一个环节中。

有的放矢

有的放矢同样是一种态度。"的"是目标，如生存、发展、营利、做优做强等，进一步可以拓展到财务、业务、经营、战略等目标上；"矢"就是箭，是方法、工具，是解决问题的具体思路和途径。

就财务领导力而言，财务人员应该有目标意识，聚焦所在组织的战略目标，将自己的目标与组织的目标协调起来，还应该找到适用的工具来解决实现目标过程中的问题。比如：明确公司的战略目标是什么，实现目标的过程中有哪些障碍，如何解决发展过程中的投融资问题，等等；自己是否要做财务领导，是否做好迎接挑战的准备，财务领导应该有什么样的能力和品格，自己在哪些方面存在不足，有什么样的路径来弥补不足，等等。

丁元英的成本领先战略

以电视剧《天道》为例，经过筹划后，丁元英决定成立格律诗音响公司，由信任自己的欧阳雪控股，叶晓明、冯世杰、刘冰等音响发烧友参股，公司将倚赖王庙村村民的生产系统，通过低成本战略来参与音响市场的竞争。这是在"实事求是"的基础上，针对王庙村的优势，制定出来的针对性策略。按照丁元英在预备股东扩大会议上的说法，公司的前途在王庙村，其优势是家家有房子、有院子、有剩余劳力，村民们有不怕吃苦受累的精神。丁元英后来灵活运用"忍人所不忍，能人所不能"的生存法则，帮助村民们在市场竞争的夹缝中找到了生存空间，并最终促成了乐圣公司、格律诗音响公司和王庙村的合作共赢。

丁元英决定在北京音响国际博览会上进行大幅降价销售，是对成本领先战略运用的集中展现。一组格律诗音响，国内售价 7600 元，而在展览会上一次性降价到 3400 元，引起市场，尤其是竞争对手乐圣的极大震惊。在决策过程中，叶晓明、刘冰等几位股东表示不理解，而丁元英则展示出了他的财务领导力。首先，丁元英不是股东，充其量是大股东欧阳雪的"顾问"，本来并没有参与重大决策的权利，但包括欧阳雪在内的诸位股东愿意听取他的意见，表明他在各位股东心目中有一定的影响力。其次，当小股东们对降价决策产生疑义时，丁元英选择用专业知识和市场经济的规律来说服各位股东，将成本领先战略、资本收益率提升的路径、扶贫的意义进行了宣贯。最后，丁元英在寻求股东共识的过程中，明确了议事规则，即对于重大决策，可通过会议讨论，每个人都可以坦诚发表观点，甚至可以拍桌子、吵架，但如果没有能够说服大家的理由，则需要根据集体决策的结果坚决执行。后来的事实表明，丁元英的降价策略，确实给行业龙头乐圣公司造成了冲击，在音箱市场上撕开了一个口子，为格律诗公司的产品赢得了一定的生存空间。

通过沟通达成战略共识

宣贯过程中，对于音响降价，股东们并不理解丁元英的战略。冯世杰提出了一个财务上的问题：降价后，公司还能剩下多少利润？这个问题很简单，一对音响成本是 3290 元，价格为 3400 元，毛利 110 元，利润率 3.2%。这个数据站在财务的角度上看并不理想，按照冯世杰的话说："还没有银行的利率高呢！"这生意还值得做吗？丁元英的回答则非常专业："银行是年利率，而公司的资本效益，不仅取决于利润率，同时还取决于资本周转频率。"显然，他对杜邦分析法有着深刻的理解和洞察。丁元英不局限于财务分析，还从战略的高度来决策。因为在他看来，即便是此次交易中音响的利润率为零，但只要王庙村的村民在此过程中挣到了加工费，这就有意义。格律诗音响公司并不是靠音响赚钱，而是音响机柜。当然，音响不赚钱也仅仅停留在当前，要想未来赚钱，就"必须撕开一个口子"。换句话说，在丁元英的设计中，降价是一种取得市场地位的策略。

找到合适的管理会计工具

近年来，我国财政部针对管理会计领域出台了很多指引，涉及很多工具，财务人员如何灵活应用这些工具为所在组织创造价值，是一项有挑战性的工作。当年的通用汽车能够起死回生，CEO 斯隆将功劳同样记在了财务及财务控制工具的使用上。

按照斯隆的观点，回报率是进行业务判断时最客观的工具。CFO 布朗认为，公司的经济目标并非追求可能达到的最高投资回报率，而是追求与可占用的市场份额相匹配的最高投资回报率。布朗原来在杜邦就职，后来加入通用汽车，并将杜邦分析法引入通用汽车。投资回报率是利润率和周转率、财务杠杆的函数，我们可以通过对相关指标的合成和分解，来找到最终的价值驱动因子，进而了解到公司运营中发生盈亏的根源，为有的放矢地解决问题提供思路。而站在分析的角度，杜邦分析法，可以看作将一个事物逐步分解、可视化的过程。

以通用汽车为例，公司有很多事业部，每个事业部对资金都有刚性需求，资源是有限的，而需求是无限的，对总部而言，对资源进行有效配置就成了一项现实挑战。怎么解决？投资回报率就是一个很好的控制工具。每个月，各个事业部按规定格式提供月度运营报告，实际的绩效一目了然，据此，总部就能够得到事业部经理的业绩评价结果及排名，资源配置也就有了依据。

当然，公司还可以建立定期的经营分析会制度，通过对各个事业部的投资回报率报告进行交流，找到可以改进的空间，并与事业部经理就需要采取的具体措施进行讨论，不断改善和优化运营，尤其是通过偏差分析，判断相关业务部门的行为及结果是否达到了预期，为财务及业务部门提供一个开放交流的机会，同时为问题的暴露和解决提供一个客观的视角。

站在专业的角度，会计领域有很多的工具、方法，这正如一个木工会随身携带一个工具箱一样，但制作高桌子、矮板凳所需要的工具不见得一样，打床头柜和做门窗用到的方法也存在差异。财务人员需要将"的"和"矢"有机结合起来，用适当的姿势将手中的"矢"对准"的"射出去。

守正创新

守正创新是发展要求

守正创新在很多场合下都有所体现，如在 2023 年 1 月财政部发布的《会计人员职业道德规范》中，将"坚持学习"与"守正创新"结合起来，作为第三条核心原则加以表述。

根据财政部的文件表述，会计人员要"始终秉持专业精神，勤于学习、锐意进取，持续提升会计专业能力。不断适应新形势新要求，与时俱进、开拓创新，努力推动会计事业高质量发展"。从中可以看出，守正创新是做法，适应新形势新要求是前提，而推动会计事业高质量发展是目标，也是对会计人员的发展要求。

事实上，会计事业的高质量发展通常与会计所在的组织高质量发展融为一体，与"变革融合、提质增效"的原则密切结合。因此，会计组织和会计人员要走正道，遵守国家法律法规；而要创造出比平均水平更高的价值，则需要出奇制胜，走创新发展之路。

孙茂才的守正创新实践

2006 年，电视剧《乔家大院》风靡一时，其中孙茂才可以视为东家乔致庸的 CFO。剧中孙茂才先后帮助东家解决了融资难题、促成与竞争对手达盛昌的和解、完成复字号店规的修订等一系列工作，由此与东家建立了亲密的伙伴关系。在他的丰富经历中，有两件事情可以视为"守正创新"的注解。

第一件事是劝说乔致庸放弃与达盛昌的争斗。乔致庸的哥哥乔致广因为与达盛昌争做高粱霸盘，失败后吐血而亡。乔致庸决定为哥哥报仇，孙茂才对此不以为意。在他看来，当初乔致广落败是决策失误的产物，即使乔致庸复仇成功，也会破坏山西老乡抱团合作的传统，影响乔家的形象，不如借此机会帮助达盛昌，消除彼此之间的隔阂。最终，乔致庸采纳了孙茂才的建议，也得到了邱东家"行正道"的评价，这可以看作是"守正"的态度所发挥的影响力。

第二件事，是通过身股制度的创新，帮助东家留住了核心人才。复字号一个非常能干的伙计马荀，因为竞争对手达盛昌开出了更高的报酬而决定跳槽。关键时刻，身为 CFO 的孙茂才以伙计辞号需要东家和掌柜共同商量的制度规定为由，为乔致庸挽留马荀赢得了时间。在孙茂才的建议下，乔致庸私下请马荀吃饭，了解马荀的真实想法，并得出了"给伙计身股是解决问题的钥匙"这一结论，进而通过修改店规，明确了"以后凡是学徒四年出师，愿意留在店里当伙计的，一律顶一厘的身股，以后逐年按劳绩增加"的创新性条款，有效减少了人才流失率。这种做法，与当今华为公司"工者有其股"的制度设计有异曲同工之妙，充分体现了"创新"理念的功效。

新工具的场景式应用是一种创新

事实上，文化、商业模式、产品、服务、管理等各个方面都存在创新的问题，而如何把保持核心、追求进步的理念与坚持学习、守正创新的职业道德要求融合起来，既是高质量发展的要求，也是会计人员追求进步、提升影响力的重要抓手。

《战略财务》杂志曾刊登了一篇文章《大数据时代的领导力》，该文章认为财务人员展示领导力的方式之一，是发现或创建新的数据可视化工具，帮助管理层更好地理解业务。而上海国家会计学院每年开展的智能财务论坛中，有很多专家在分享技术的同时，将财务人员常用的"表格""图片"转化为动态、可视、在线、实时的表现形式，让人耳目一新。将信息及时收集并加工，形成具有洞察力的见解，并帮助管理者作出明智的决策，在日常的管理会计职能发挥的过程中做到守正创新，是财务人员展现和提升领导力的重要路径。

华为的财经监控平台

日本裔的导演竹内亮拍摄了纪录片《华为的 100 张面孔》，让大家近距离地了解华为公司，其中就涉及财经团队。片中展现了华为的全球结账地图，总部连接了全球的两百多家子公司，总部的指挥中心与全球六大共享中心实时、在线、动态地监测业务流程进展及风险状况，并随时联系与处理相关的问题。从效率维度看，公司的结账可以在 5 天内全部处理完成；从洞察角度看以红黄绿不同颜色，实时展现相关风险指标的高、中、低水平，这为公司实现在线动态监测风险提供可视化指标，也为公司改善运营提供了方向。

事实上，早在 2003 年起，孟晚舟就已经在公司的要求下，主导建立相应的财经组织架构、流程、制度及 IT 平台，尤其是在 2007—2014 年间，推动集成财经服务（IFS）的变革，在会计政策、会计流程、会计科目、监控等方面加以统一，在完善数据管理体系的基础上，实现了"数出一孔"。媒体报道，在 2014 年年报解读中，孟晚舟陈述，包括实施 IFS 变革等带来的收益占到公司整体收益的 72%。此后，公司又进一步深化内部控制建设，推动账实相符以及资金管理、税务管理等方面的变革，在项目财务、业财融合、平台财务等方面逐步深化。

招聘广告显示，华为公司对财经团队进行了进一步的组织变革和职能调整，将整个财经团队划分为财务管理、经营管理、资金管理、销售融资、税务管理、内控与风险管理、子公司管理、定价、财经数字化等 9 个部门。其中：内控与风险管理部负责风险体系的建设，设定风控顶层架构，制定风险管理制度及开发相关工具的方法，在风险洞察、流程内控、风险地图管理、风险探针模型、风险数字化、业务持续性管理等方面持续发力，建立了无接触式的风险体系；而财经数字化团队则旨在构建面向未来的财经数字大脑，在财报、经营报告、财经各专业领域的 IT 架构设计等方面做出努力，进一步明晰数据架构，提升数据分析能力和数据质量。从某种角度看，华为财经已经成为行业标杆，在价值创造、赋能业务方面成为大家学习的榜样。

2022 年 9 月，孟晚舟回到母校都匀一中，发表了演讲，其中提及华为鼓励员工走出办公室，与不同的人进行交流，努力从他人和行业的优秀实践中寻求方向。孟晚舟是从财务做起的，并伴随着公司的发展一步步成长为集团的轮值董事长，其专业能力逐步从财务领域拓展到业务、技术、战略等各个方面。时至今日，孟晚舟考虑的问题已经突破了一个财务人员的视角，比如对数字化的战略思考，以极低的成本、极高的效率、极优的体验提供数字化服务的思考，对作业数字化、数字平台化、平台智能化、智能实战化方面的思考，充分体现了她拥抱变革的积极性。

知行合一

本书讲了很多的理念、原则，但知道与实践有很大的差别。阿里巴巴集团的创始人有一个"晚上想想千条路，早上起来走老路"的论断，说明知道不见得能够做到，一次做到与坚持不懈地做到完美也有很大的差别。

王阳明的知行合一理念

我国明朝著名的心学家王阳明倡导"知行合一"，该理念在今天的商界仍然有着广泛的影响。

在王阳明看来，知行是一体的，之所以要把知和行分开，是因为现实生活中，有一些人虽然做了，但是懵懵懂懂地做，并没有理解其中的意思，也没有经过思考、自省等，因此针对这些人，需要说一个"知"字；还有一种人，喜欢凭空思考，却没有做到踏踏实实地践行，因此有必要说一个"行"字，才能够让其对"知"有更深的感受。

对于财务领导力的培养也是一样，每个人都有可能做领导，但不见得做得好；每个人都可能有领导力，但领导力却可能有很大的差异。财务人员首先应该对财务领导力有一个正确的认知，对品格方面的原则、能力方面的要求有所了解，与此同时努力践行，真正做到知行合一。

刘备也难做到知行合一

知易行难。举个简单的例子，《三国演义》中，刘备三顾茅庐请诸葛亮出山，当时的诸葛亮以"隆中对"给刘备定下一项战略，其核心是"东连孙吴，北拒曹操"，但等到关羽败走麦城被杀后，刘备决定为兄弟报仇，即使有赵云的劝谏仍无济于事，从而招致夷陵之战被火烧连营，蜀国元气大伤。而此前刘备与张飞决定共伐东吴，临行前，刘备特意嘱咐张飞，让他改掉酒后暴怒、鞭挞下属的毛病，并明确这是取祸之道，今后要尽量宽容部属。张飞虽面上答应，但回去后因为 3 日内置办白旗白甲存在困难，就将帐下的两员末将范疆、张达绑在树上鞭打后背，甚至威胁要杀掉二人，最终反被范、张两人杀害。刘备、张飞都是有能力的人，但仍然作出了不当的行为，体现了知行合一的难度。

曾国藩的反省

曾国藩在日记中记了很多自省的故事。比如在丁卯年（1867 年）就有对"俭"的反思，"闻家中修整富厚堂屋宇，用钱共七千串之多。不知何以浩费如此，深为骇叹！余平生以起屋买田为仕宦之恶习，誓不为之。不料奢靡若此，何颜见人？平日所说之话，全不践言，可羞孰甚？"显然，曾国藩一直强调勤俭刚明等品格，但自己家整修房子花钱很多，家人连吃穿用度也开始超标，这让他感到羞愧莫名。再比如在庚申年（1860 年）提及"见罗、瞿、江三县令，因语言不合理，余怒斥之甚厉！颇失为人上者'泰而不骄，威而不猛'之义"，说明曾国藩虽然对作为领导所需要的涵养知之甚深，但在下属面前仍然没有控制住自己的脾气。这些事侧面反映出知行合一在实践中是非常难的。我们应该学习自省自查的做法，在"行"上做好准备。

财务人员的教训

站在财务的角度，很多 CFO 明明知道财务造假有严重的后果，但在实践中仍然迫于压力或主动选择造假，例如世通公司的 CFO 斯考特·沙利文（Scott Sullivan）就是其中的代表。他被华尔街称为"精明的数字天才"；进入公司五年、担任 CFO 第三年、年仅 37 岁时就获得《CFO》杂志授予年度卓越 CFO 奖项；在 CEO 眼中能力毫无问题、可以赢得投资群体信任和信心；甚至华尔街苛刻的分析师也对其技能表示佩服，因为斯考特对每个成本项目都信手拈来，对并购对象的价值判断也显得专业客观。而这样的天才，也会在公司无法达到收入预期时，为了"必须达到规定的数字"这一目标，进行不当的会计处理，最后被指控犯了 7 项与欺诈相关的罪名，被判入狱 5 年。

再比如股神巴菲特，投资生涯中的失败案例之一是在 1989 年动用 3.58 亿美元，购买了美国航空 9.25% 的优先股。此前，维珍航空的管理者理查德·布兰森（Richard Branson）曾在被问及"如何成为一名百万富翁"时，回答："实际上这没有什么秘诀，你开始是一名亿万富翁，然后买一家航空公司。"应该说作为航空公司的管理者，理查德对航空业的风险是有洞察的，然而巴菲特却相对草率许多，他动用大笔资金投入了美国航空，结果美国航空经营逐步恶化，到 1994 年就停止支付优先股股利，巴菲特持有的证券几乎毫无价值。在此之前，巴菲特至少忽略了几个风险：一是航空业资深从业人员理查德的警告；二是完全没有关注到美国航空作为运输公司面临的成本高企的困扰；三是轻信优先股表面上看起来的风险保护作用，忽略了因放松价格管制带来的激烈市场竞争，以及由此带来价格下滑、收入锐减的后果。巴菲特是专业的投资大师，但在具体的投资决策中，仍然免不了犯错，这既有对航空业变化学习不够的原因，也有盲目自信的问题，值得财务人上警示。

寻找诤友

《论语·季氏》中记载，孔子将朋友分为益者、损者两类，所谓"益者三友，损者三友。友直，友谅，友多闻，益矣。友便辟，友善柔，友便佞，损矣。"我们身边的朋友都是益者而无损者？如何让自己身边有几位诤友，让他们可以正言、直言自己的缺点和不足之处？这些是财务人员在培养领导力的过程中可以考虑的问题。巴菲特有一位益友芒格，其被视为他最好的搭档和朋友。在2023年"给股东的信"中，巴菲特直言，芒格和他的想法很相似，巴菲特往往需要一页纸来解释的内容，芒格却可以用一句话总结，而且逻辑清晰，直抒胸臆。

与财务领导力相关的文章、图书很多。但纸上得来终觉浅，绝知此事要躬行。财务人员一旦选择了某个榜样、某个理论，就应该努力践行知行合一的理念，在做好自己、带领团队、影响他人上下功夫，在艺、仁、德、道上努力，树立起言忠信、行笃敬的形象。

因此，在领导力的培养中，财务人员要充分认识到"有志、有识、有恒"的重要性，向历史学习、向社会学习、向身边的先进学习，持续锤炼自己的专业技能，提升自身的品格素养，建立自己所认同的财务领导力原则，在品格和能力两个维度不断感悟、自省，努力做到知行合一。